Präsenz Présence Presence

6 Bibliotheca

PRÄSENZ PRÉSENCE PRESENCE

Andrea Bassi, Roberto Carella

Quart Verlag

NOTAT

Heinz Wirz

Nachdenken über das eigene Tun gehört gleichsam zum aufgeklärten Menschen, zumal wenn sein Handeln die Architektur betrifft, in der die gesellschaftliche und kulturelle Verantwortung von besonderer Relevanz ist. Die Architekten Andrea Bassi und Roberto Carella tun dies auch in diesem Band – er ist nach *Materialität* (Quart Verlag 2016) der zweite in der geplanten Serie – ausführlich und mit Tiefgang. Im ersten Teil analysieren sie in kurzen Zügen die Entwicklung der Stadt Genf vom Mittelalter bis in die 1960er Jahre. Wenige Aufnahmen des Fotografen Leo Fabrizio von signifikanten, präzis ausgewählten «Alltagsorten» veranschaulichen ihre Analyse. Es geht immer darum zu zeigen, was das gewöhnliche architektonische Objekt mit der Stadt verbindet und was seine urbane Präsenz ausmacht. Im zweiten Teil dieser Studie stellen die Architekten ihre eigenen Projekte knapp – ganz fokussiert auf den Aspekt der urbanen Präsenz – dar. Es sind grosse Komplexe mit kräftigem Erscheinungsbild, die eine ausgesprochene Urbanität ausstrahlen. Die Baukörper sind immer präzise in die städtebauliche Struktur eingepasst, ergänzen diese und sind regelrecht verzahnt mit dem Stadtgrundriss. Es sind ruhige, ruhende Figuren, die ein Gitternetz evozieren, worin die unterschiedlichen Nutzungen sachlich geordnet sind und ihnen Schutz und Umhüllung bieten. Die vorliegende Studie ist eine spannende Gegenüberstellung von Stadtgeschichte und eigenen Projekten. Sie ist gleichermassen ein beharrliches Nachdenken über das eigene Tun und entspricht so im besten Sinne dem, was eine *recherche patiente* bedeuten kann.

La réflexion sur son propre travail appartient pour ainsi dire à la tâche de l'homme éclairé, surtout si son action concerne l'architecture qui porte une lourde responsabilité tant sociale que culturelle. C'est ce que font de manière exhaustive et approfondie les architectes Andrea Bassi et Roberto Carella dans ce volume – le second après *Matérialité* (Quart Verlag 2016) de la série prévue. Dans la première partie, ils analysent de façon succinte l'évolution urbaine de Genève depuis le Moyen Âge jusqu'aux années 1960. Quelques prises de vue du photographe Leo Fabrizio de «lieux quotidiens» significatifs et précisement sélectionnés illustrent leur propos. Il s'agit de révéler la liaison qu'établit l'objet architectural courant avec la ville et ce qu'engendre sa présence urbaine. Dans la seconde partie de cette étude, les architectes présentent brièvement leurs propres projets – en se focalisant sur la présence urbaine. Il s'agit de grands complexes visuellement très marquants qui rayonnent une urbanité forte. Les volumétries sont toujours insérées avec une grande précision dans le tissu urbain qu'elles complètent tout en s'imbriquant littéralement dans le plan de la ville. Ce sont des figures paisibles, dressées, rappelant une trame dans lequelle les différentes fonctions, bénéficiant d'une protection et d'une enveloppe, sont disposées de façon objective. La présente étude constitue d'une part une confrontation passionnante entre l'histoire urbaine et les propres projets des auteurs et, d'autre part, une pensée persévérante sur son propre travail qui correspond à merveille à la définition d'une *recherche patiente*.

Reflecting on one's own work is an essential part of being an enlightened person, especially when those actions have to do with architecture, where social and cultural responsibilities are particularly relevant. The architects Andrea Bassi and Roberto Carella do that extensively and in depth in this volume, the second in a planned series following *Materiality* (Quart Verlag 2016). In the first part of this book, they analyse the development of the City of Geneva from the Middle Ages to the 1960s. A few prints by the photographer Leo Fabrizio of significant, precisely selected "everyday locations" illustrate their analysis. The aim is always to show what connects the common architectural object to the city and the nature of its urban presence. In the second part of this study, the architects briefly present their own projects – entirely focused on the aspect of urban presence. These are major facilities with a powerful appearance that radiate a pronounced urbanism. The buildings are always precisely integrated into the urban planning structure, complement it and become interwoven with the urban texture. They have calm, inert figures that evoke a grid network, within which the different uses are organised in a functional way, offering protection and envelopment. This study is an exciting comparison between the city's history and the architects' own projects. It is also a persevering consideration of one's own actions, thereby fulfilling the ethos of *recherche patiente* in its best sense.

PRÄSENZ

Andrea Bassi und Roberto Carella

Die *urbane Präsenz* bleibt ein zentrales Thema unserer Überlegungen. Sie ist eng mit der Überzeugung verbunden, dass Architektur an Bedeutung gewinnt, wenn man sie an den kollektiven Werten des Urbanen misst. Bei unserer *recherche patiente* geht es darum, eine gedankliche Kontinuität zwischen den Ideen und der konkreten Verwirklichung herzustellen, in der Hoffnung, ein relevantes und dauerhaftes Werk zu konzipieren. Durch die schriftliche Erörterung unserer Intentionen können wir die verborgenen Seiten unserer Gebäude und auch die intellektuelle Unruhe, die uns erfüllt, offenbaren. Wir möchten keine erschöpfende Darstellung einer bestimmten Anzahl von Gebäuden liefern, sondern den Fokus auf Aspekte richten, die unserer Ansicht nach eine kollektive Architektur ausmachen.

Der Begriff *Präsenz* lässt verschiedene Lesarten zu; wir versuchen, ihn durch den Prozess der Wahrnehmung und durch den Abgleich mit den urbanen Realitäten, die uns inspirieren, zu beschreiben.

Begleitet wird dieser Text mit Fotografien von Leo Fabrizio. Mit ihm zusammen haben wir auf bestimmte Orte der Stadt einen Blick geworfen, der eine unseren Intentionen und Realisationen nahestehende Idee *urbaner Präsenz* evoziert. Diese Aufnahmen zeigen Alltagsorte in Genf, die sich jedoch ebenso gut, in zahlreichen anderen europäischen Städten befinden könnten. Sie eignen sich sehr gut, unsere Absicht einer präzisen Vorstellung davon zu veranschaulichen, was das gewöhnliche architektonische Objekt mit der Stadt verbindet. Es geht dabei nicht um eine Aneinanderreihung verschiedener Eigenheiten, sondern um die enge Beziehung von urbaner Form, Architektur, Konstruktion und Material.

Die Fotografien sind einer historischen Ordnung der Orte folgend ausgewählt und bringen Überlegungen, aus denen sich unsere architektonischen Werke speisen, zum Ausdruck. Die Aufnahmen reihen sich mit gleichbleibendem Blick aneinander: Oszillierend zwischen Poesie und Realität, könnte es der Blick irgendeines Bewohners sein, der durch die verschiedenen Quartiere einer Stadt streift, die er liebt.

Den Auftakt bildet die Ansicht einer mittelalterlichen Strasse und als Fortsetzung folgt eine zweite Fotografie, die Umbauten des 18. Jahrhunderts zeigt. Das Zeitalter der Aufklärung war für die Stadt Genf eine Zeit grundlegender Veränderungen. Die Strassen wurden nicht grösser, doch das enge Stadtgefüge wurde um die Stadtpalais erweitert, dank derer Genf in den Rang einer Hauptstadt des Protestantismus aufstieg. Wundervolle Höfe entstehen und bereichern den städtischen Raum, der bis dahin im Wesentlichen aus Strassen und Plätzen bestand. Die Arbeit des anonymen Handwerkers, durch welche überliefertes Wissen weitergegeben wird, verwandelt sich in Bauwerke, entworfen von Architekten, die traditionelle Bautechniken bewahren und gleichzeitig den Lebensraum und die dekorative Sprache erneuern. Die Konstruktionssysteme und die Materialien sind die gleichen, die allgemeine Atmosphäre der Stadt bleibt unverändert, sie gewinnt jedoch an Eleganz und Grosszügigkeit. In diesen Bildern wird das Thema *urbaner Präsenz* besonders offenbar. Es besteht ein enger, auf Kontinuität beruhender Zusammenhang zwischen der Form der Stadt und ihren Gebäuden, eine tiefe wechselseitige Abhängigkeit zwischen Architektur und Konstruktion und eine einzigartige, von der gleichbleibenden Materialität des Strassenraums geprägte Atmosphäre.

Die nächsten Bilder versetzen uns ins 19. und frühe 20. Jahrhundert. Der Genfer Ring, die «ceinture fazyste», ist ein neues Quartier, das, wie häufig auch andernorts in Europa, auf den Überresten der alten Befestigungsanlagen entsteht. Der Strassenraum wird grösser und das Stadtgefüge – unter Wahrung einer breiten Einheitlichkeit – um eine Reihe von Gebäudetypen und öffentlichen Räumen reicher. Am Square de Montchoisy, einem Werk des Architekten und Stadtplaners Maurice Braillard, kann man eine neue Dimension der Stadt sowie einige Prinzipien der damals entstehenden Moderne entdecken. Hier in der Vorstadt, ausserhalb der alten Stadtmauern, ist eine gewisse Kontinuität im Neuen wahrzunehmen, und dies sowohl im städtischen Gesamtbild, als auch im architektonischen Ausdruck und in den Materialien. Das mit den Bausystemen und den verwendeten Materialien einhergehende Erscheinungsbild entwickelt sich auf eine Weise, die man als linear bezeichnen könnte. Aus historischer Distanz betrachtet, offenbart sich in der Aneinanderreihung der urbanen Ereignisse eine klare Logik.

Die Fähigkeit, die Stadt zu erfassen und zu verstehen, erfährt im 20. Jahrhundert einen grundlegenden Wandel. Das bis dahin radial und gleichmässig verlaufende Wachstum der Stadt erfolgt nun in voneinander getrennten und unabhängigen Quartieren, wobei sich städtische Formen und Bebauungsdichte vermischen. Durch die Vielzahl dieser Entwicklungen und ihre Bedeutung wird das Lesen der Stadt komplizierter. In der zweiten Hälfte des 20. Jahrhunderts gewinnen die Gebäude an Expressivität und Autonomie gegenüber der urbanen Einheit. Der Einsatz neuer Bautechniken und zeitgenössischer Materialien erlaubt es den Architekten, neue, vielfältige Formensprachen zu erkunden. Gleichzeitig wird die Identität der Stadt und damit auch das Gefühl der Zugehörigkeit geschwächt.

Die letzten beiden Fotografien zeigen Gebäude, die am Boulevard Carl-Vogt in Plainpalais von den Gebrüdern Honegger realisiert wurden, sowie das grosse Ensemble von La Tourelle der Architekten Paul Waltenspühl, Georges Brera, Georges Berthoud sowie Claire und Oscar Rufer im Stadtviertel Petit-Saconnex. Diese Beispiele sind interessant, wenn man eine Stadt-, Architektur- und Baukultur verfolgen möchte, die für Genf charakteristisch ist. Sie sind Teil der «natürlichen» Ausdehnung der Stadt und tragen den uns eigenen Reichtum an städtebaulichen Lösungen in sich. Sie stellen – vom modernistischen Häuserblock bis zu grossen Ensembles – identitätsstiftende Momente innerhalb des Genfer Baugefüges dar. Dort nehmen wir diese *Präsenz* durch die starke Wechselbeziehung zwischen architektonischem Ausdruck und Konstruktionssystemen wahr. Natürlich sind auch Beispiele, die sich durch andere Baumerkmale und Materialien auszeichnen relevant, wie etwa Le Lignon, jedoch ist die Kontinuität einer organischen, «althergebrachten» Ausdrucksform hier unterbrochen. Unser fotografischer Spaziergang durch die Stadt endet vor den letzten Jahrzehnten, die unserer Ansicht nach aus vielen Gründen – insbesondere aufgrund des *Postmodernismus* und anderer, später aufscheinender Ismen – die gesellschaftliche Bedeutung des architektonischen Projekts aus dem Blick verloren haben, um einen formalistischeren und individualistischeren Weg einzuschlagen. Wir haben das Gefühl, ja die Überzeugung, dass diese Zeit vorbei ist und die Herausforderungen der Globalisierung uns wieder zu einer Suche nach gemeinsamen Werten führen werden, die uns die Klimaveränderung und die sozialen Umwälzungen auferlegen.

Mit den hier vorgestellten Projekten möchten wir das Gefühl *urbaner Präsenz* vermitteln, deren Wurzeln in den oben dargelegten Überlegungen zu suchen sind. Die von uns gezeigten Beispiele sind Teil unterschiedlicher städtischer Situationen, konstante Gegebenheiten des Metiers in der heutigen Zeit, denen wir uns systematisch mit einem auf Kontinuität ausgerichteten Ansatz nähern, gegebenenfalls sogar durch Instandsetzung oder Abschluss des bereits bestehenden umliegenden Gefüges. Ein erster Befund stellt die Vielfalt der städtebaulichen Formen fest. Diese Charakteristik beschreibt die für jede Stadt und jede Kultur jeweils spezifische Evolution der Bautypen im Lauf der Jahrhunderte. Die modernistische Überzeugung, dass nach hygienisch begründeten Innovationskriterien nur der freistehende Häuserblock die ideale Lösung ist, wird in Frage gestellt. Die Vielfalt der präsentierten städtebaulichen Formen stellt die besonderen Qualitäten jeder einzelnen vorgeschlagenen Lösung heraus. Die Relevanz der gewählten Lösung hängt von der Stärkung der Identität eines Ortes sowie den städtischen Merkmalen eines Quartiers ab. Die Frage der *Präsenz* in Verbindung mit der urbanen Form scheint uns mit der Anerkennung dieser Gebäudeeigenschaft einherzugehen. Je weniger man die allgemeine Form eines Gebäudes wahrnehmen und erfassen kann, desto mehr erlangt dieses einen Ausnahmestatus. Es wird mithin nicht dazu beitragen, ein Gefühl der Einheit und einer spezifischen Ortszugehörigkeit zu stärken. Unter diesen Voraussetzungen scheinen sich die kollektiven Werte des Urbanen herauszukristallisieren.

Architektur, die sich durch eine einfache, ruhige Sprache ausdrückt, kann dieses Gefühl des Wiedererkennens erzeugen. Während des Entwurfsprozesses versuchen wir, durch die Reduktion der Komponenten zum Wesentlichen zu gelangen. Die Suche nach einem minimalistischen Vokabular ist aufs Engste dem Verhältnis zwischen diesen Teilen und dem Ganzen verpflichtet, und die Schönheit ist das Resultat dieser Suche. Auch die *urbane Präsenz* entsteht dank dieser Zurückhaltung. Ihre dezente Eleganz drängt sich nicht auf, sie leitet den Blick des Betrachters eher zu einer Gesamtsicht als zu einer Teilansicht hin. Die gesteigerten Ausdrucksmöglichkeiten, für die sich die heutige Gesellschaft einsetzt, macht eine Betrachtung des Ganzen und folglich der gemeinschaftlichen Legitimierung unmöglich. Durch das Festhalten an einer zurückhaltenden Vorgehensweise wird diese Form des Gemeinwohls gefördert.

Wir greifen regelmässig auf Verfahren der Fertigbauweise zurück und schöpfen dabei ihre statischen Eigenschaften optimal aus. Diese Technik ist Bestandteil einer zeitgenössischen, im Gebiet des Genfersees fest verankerten Baukultur. Das grosse Format der Bauelemente, eine Art gigantische Ordnung, wird systematisch genutzt und nimmt einen Massstab an, den wir eher mit einer städtischen Dimension als mit der funktionalen Ausrichtung eines Gebäudes gleichsetzen. Der Sinn dieser Entscheidung liegt also darin, einen Dialog mit dem Stadtraum herzustellen. Diese Praxis bezieht ihre Stärke unter anderem aus ihrer Verankerung in unserer Region und der engen Beziehung zwischen Ausdruck und Konstruktion, die der Vergangenheit anzugehören scheint und der eine Vorstellung von *Schönheit in der Wahrheit* innewohnt. Die Wiederholung dieser Lösung verweist auf die hier fotografisch illustrierten Bauperioden der Stadt; sie soll eine Spur im Gefüge der Stadt hinterlassen, die hinreichend stark ist, um an ihrer Identität teilzuhaben. Trotz ihrer weiträumigen Verteilung im heutigen Ballungsraum könnten die Bauwerke wie die Architekturen der Gebrüder Honegger wirken, die durch Quantität, Homogenität und die Anwendung einer konstanten Sprache an der Identität Genfs teilhaben. Das Prinzip der Wiederholung entspricht der Liebe für die Arbeit des Handwerkers, der die gleichen Gesten unendlich wiederholt, um Perfektion zu erreichen, und trägt die Werte kollektiver Identität in sich. Vielleicht wird also genau zu diesem Zeitpunkt die Vorstellung von *Präsenz* zu einer Quelle städtischer Identität.

3
3

PRÉSENCE

Andrea Bassi et Roberto Carella

La *présence urbaine* perdure au cœur de nos réflexions. Cette question est intimement liée à la conviction selon laquelle l'architecture acquiert du sens si elle se confronte aux valeurs collectives de l'urbain. Dans notre *recherche patiente*, il s'agit de produire une continuité de pensées entre les idées et les réalisations concrètes dans l'espoir de concevoir une œuvre pertinente et durable. Préciser les intentions par ses propres écrits permet de révéler la face cachée de nos édifices, ainsi que les inquiétudes intellectuelles qui nous habitent. Nous ne désirons pas présenter de façon exhaustive un certain nombre d'édifices, mais plutôt focaliser le regard sur des aspects qui nous semblent construire une architecture collective.

La notion de *présence* a plusieurs interprétations possibles ; nous essayons de la décrire par le processus de perception et par comparaison avec l'observation de réalités urbaines qui nous inspirent.

Ce texte est accompagné par les photographies de Leo Fabrizio avec lequel nous avons partagé un regard sur des lieux de la ville qui évoque l'idée de *présence urbaine* proche de nos intuitions et réalisations. Ces points de vue présentent des lieux quotidiens dans Genève qui pourraient pourtant appartenir à de nombreuses autres villes européennes. Ils nous semblent bien représenter nos intentions concernant une idée précise que l'objet architectural ordinaire entretient avec la ville. Il ne s'agit pas de singularités additives, mais d'intime relation entre forme urbaine, architecture, construction et matière.

Les photographies sont présentées dans l'ordre historique des lieux et permettent de traduire les réflexions nourrissant nos propres réalisations architecturales. Les prises de vues se succèdent avec un même regard, oscillant entre poésie et réalité, susceptible d'être porté par tout habitant qui parcourt les différents quartiers d'une ville qu'il aime.

Le cheminement débute par la vue d'une rue du Moyen Âge et se poursuit par une deuxième photographie sur les transformations du XVIIIème siècle. L'époque des Lumières a été une période de changements clés de la cité de Genève. La rue ne change pas de taille, mais le tissu urbain serré se dilate et accueille les hôtels particuliers qui en ont fait la renommée de la capitale du protestantisme. De magnifiques cours apparaissent et viennent enrichir l'espace urbain jusque-là essentiellement composé de rues et de places. L'œuvre de l'anonyme artisan transmettant un savoir-faire ancestral se transforme en constructions dessinées par des architectes qui respectent les techniques constructives traditionnelles tout en innovant les espaces de vie et le langage décoratif. Les systèmes constructifs et les matériaux de construction sont les mêmes, l'atmosphère générale de la ville reste inchangée tout en gagnant en élégance et en générosité. La question de la *présence urbaine* est particulièrement évidente dans ces images. Une relation intime de continuité se tisse entre la forme de la ville et ses bâtiments, une dépendance fusionnelle entre architecture et construction, ainsi qu'une atmosphère unique induite par la matérialité constante de l'espace de rue.

Les images suivantes nous transportent au XIXème siècle et au début du XXème. La ceinture Fazyste genevoise est un nouveau quartier qui se développe, comme souvent ailleurs en Europe, sur les restes des anciennes fortifications. L'espace de la rue s'agrandit et le tissu urbain, tout en conservant une grande uniformité, s'enrichit d'une variété de types de bâtiments et d'espaces publics. Dans le square de Montchoisy – œuvre de l'architecte et urbaniste Maurice Braillard –, on découvre une nouvelle échelle de la ville, ainsi que certains principes de la modernité contemporaine naissante. Située dans les faubourgs, hors des anciens murs de la ville, on perçoit une certaine continuité dans la nouveauté, autant dans la forme urbaine que dans l'expression architecturale et les matériaux. L'atmosphère générale associée aux systèmes constructifs et aux matériaux employés évolue d'une façon que l'on pourrait décrire comme linéaire. Avec le regard de la distance historique, une logique de l'évidence se dévoile dans l'enchaînement des évènements urbains.

Le grand changement dans la capacité de lire et comprendre la ville intervient au XXème siècle. L'évolution de son organisation spatiale, jusque-là radiale et uniforme, se manifeste dans des quartiers situés à des endroits différents et indépendants entre eux, mélangeant les formes urbaines et les densités bâties. La démultiplication de ces événements et leur importance rend la lecture de la ville plus complexe. Dans la deuxième moitié du XXème siècle, les bâtiments gagnent en autonomie expressive vis-à-vis de l'unité urbaine. L'utilisation de nouvelles techniques constructives et de matériaux contemporains permet aux architectes d'explorer des langages nouveaux et variés. Parallèlement, l'identité des villes et donc le sentiment d'appartenance se fragilisent.

Les deux dernières photographies nous montrent des bâtiments réalisés sur le boulevard Carl-Vogt, à Plainpalais, par les frères Honegger et le grand ensemble de La Tourelle au Petit-Saconnex des architectes Paul Waltenspühl, Georges Brera, Georges Berthoud, Claire et Oscar Rufer.

Ces exemples nous intéressent par l'intention de poursuivre une culture urbaine, architecturale et constructive, propre à Genève. Faisant partie de l'extension « naturelle » de la ville, ils portent en eux la richesse des solutions urbanistiques qui nous est propre. De la barre moderniste aux grands ensembles, ils constituent des « moments » identitaires du tissu bâti genevois. Nous y percevons cette *présence* aussi par la forte interdépendance entre expression architecturale et systèmes constructifs. Bien évidemment, d'autres exemples, qui ont des caractéristiques constructives et des matières différentes, affichent cette pertinence, Le Lignon, par exemple, mais la continuité d'un langage minéral « ancien » est rompue. Cette promenade photographique à travers la ville s'interrompt avant les dernières décennies qui, à notre avis et pour de nombreuses raisons, en particulier l'arrivée du *postmodernisme* et bien d'autres *ismes* apparues depuis, ont perdu le sens collectif du projet architectural pour suivre un chemin plus formaliste et individualiste. Nous avons le sentiment, même la conviction, que cette période est achevée et que les enjeux de réconciliation globale nous réorientent vers la recherche de valeurs communes, contraintes par un changement de paradigme climatique et social.

À travers les quelques projets présentés, nous désirons traduire le sentiment de *présence urbaine* dont les racines plongent dans les réflexions énoncées ci-dessus. Les exemples que nous montrons appartiennent à des situations urbaines variées, réalités constantes du métier d'aujourd'hui, pour lesquelles nous avons systématiquement abordé une approche de continuité, voire de réparation ou de conclusion du tissu environnant existant. Un premier constat est celui de la variété des formes urbaines produites. Cette caractéristique décrit l'évolution de la question du type bâti au fil des siècles, propre au développement de toute ville et à toute culture. La conviction moderniste, selon laquelle seule la barre représente la solution idéale selon des critères d'innovation ancrés dans des racines hygiénistes, est remise en question. La variété des formes urbaines présentées met en évidence les qualités intrinsèques de chacune des solutions proposées. La pertinence du choix est liée à la consolidation de l'identité d'un lieu et des caractéristiques urbaines d'un quartier. La question de la *présence* liée à la forme urbaine nous semble coïncider avec la reconnaissance de cette propriété des bâtiments. Plus on s'écarte de la capacité à percevoir et cataloguer la forme générale d'un édifice, plus celui-ci acquiert un statut d'exception. Il n'aidera donc pas à consolider un sentiment d'unité et d'appartenance à un lieu. C'est à cette condition que les valeurs collectives de l'urbain nous semblent se cristalliser.

L'expression d'une architecture par un langage simple et calme permet de constituer ce sentiment de reconnaissance. Dans le processus de projet, nous essayons d'aller à l'essentiel par la réduction des composantes. La recherche d'un vocabulaire minimaliste est intimement redevable aux proportions entre ses parties et son tout, la beauté résulte de cette quête. La *présence urbaine* apparaît aussi grâce à cette attitude de retenue. L'élégance discrète produite ne s'impose pas, elle accompagne le regard de l'observateur vers une vision globale plutôt que particulière. La démultiplication des possibilités expressives, que la société actuelle soutient, rend impossible une vision d'ensemble et donc de légitimation collective. Conserver une approche retenue favorise cette forme de bien-être collectif.

Nous utilisons régulièrement le procédé de la préfabrication en exploitant au mieux ses caractéristiques statiques intrinsèques. Cette technique appartient à une culture constructive contemporaine fortement encrée dans le bassin lémanique. Le grand format des éléments, une sorte d'ordre géant, est utilisé de façon systématique, assumant une échelle que nous assimilons à celle de la ville plus qu'au programme fonctionnel du bâtiment. Le sens de ce choix est donc d'instaurer un dialogue avec l'urbain. La force de cette pratique réside, entre autres, dans son encrage dans notre région, dans l'intime relation entre expression et construction qui nous paraît appartenir au passé et qui porte en elle une idée de *beauté dans la vérité*. La répétition de cette solution renvoit aux périodes de construction de la ville illustrées dans les photographies qui accompagnent ce texte ; elle désire laisser une trace suffisamment forte dans le tissu urbain pour participer à son identité. Malgré la dispersion des édifices dans l'agglomération actuelle, ces exemples pourraient agir comme les architectures des frères Honegger qui, par la quantité, l'homogénéité et l'adoption d'un langage constant, participent à l'identité genevoise. Le principe de répétition correspond à un amour pour l'acte de l'artisan qui multiplie les mêmes gestes à l'infini pour améliorer son savoir-faire et porte en lui des valeurs de l'identité collective ; c'est alors peut-être à ce moment-là que l'idée de *présence* devient source d'identité urbaine.

PRESENCE

Andrea Bassi and Roberto Carella

Urban presence persists at the heart of our reflections. This question is closely related to the conviction that architecture acquires meaning upon intersection with collective urban values. Our *recherche patiente* is an effort to produce continuity of thought, from an idea to concrete implementation, in the hope of creating relevant and lasting work. Enumerating intentions in our own words sheds light on the hidden face of our buildings, as well as on the intellectual concerns that occupy us. We are not seeking to present a selection of buildings in an exhaustive manner, but rather to focus the gaze on aspects that seem to us to contribute to the development of collective architecture.

The idea of *presence* has many possible interpretations, but we are attempting to describe it through the process of perception and through comparison with the observation of urban realities that inspire us.

This text is accompanied by the photographs of Leo Fabrizio, with whom we jointly looked at city spaces that conjure the idea of *urban presence* in a similar way to our intention and creations. These points of view illustrate ordinary places in Geneva that could be located in any number of other European cities. We thought it wise to show our intentions relating to a precise idea fostered between ordinary architectural objects and the city. This is a question not of a sum of singularities, but of the intimate relationship between urban form, architecture, construction and material.

The photographs are reproduced in the sites' historical order and shed light on the ideas behind our own architectural creations. The shots come one after the other with a shared perception, wavering between poetry and reality, with a perspective that could belong to any resident wandering through the different neighbourhoods of a city they love.

The progression starts with a view of a medieval street, followed by a second image depicting 18th-century transformations. The Enlightenment era was a period of important changes for the city of Geneva. The street size did not change, but the tight urban fabric expanded to include private mansions that contributed to the reputation of the capital of Protestantism. Magnificent courtyards appeared, enhancing urban space that previously consisted largely of streets and squares. The work of anonymous artisans reproducing ancestral know-how transformed in favour of buildings designed by architects who respected longstanding construction techniques while innovating in terms of living spaces and decorative language. Building systems and construction materials remained the same, as did the general city atmosphere, while gaining in refinement and generosity. The question of *urban presence* comes across with particular strength in these images. The relationship of continuity between the form of the city and its buildings is tight; there is an intertwined dependency between architecture and construction, and a unique atmosphere arising from the material consistency of the space of the street.

The images that follow take us to the 19th and early 20th centuries. Geneva's Fazyste belt was a new neighbourhood built over the city's demolished ancient fortifications, as often seen elsewhere in Europe. The space of the street increased in size and the urban fabric was enhanced with a variety of types of buildings and public spaces, while retaining great uniformity. In the Square de Montchoisy, the work of the architect and urban planner Maurice Braillard, a new city scale emerged, alongside certain principles of contemporary modernity developing at the time. Located in the *faubourgs* lying beyond the old city walls, a certain continuity was apparent in the newness, in the urban form as well as the architectural expression and materials. The general atmosphere in terms of building systems and materials used evolved in what could be described as a linear fashion. With a perspective of historical distance, the sequence of urban events appears to follow an obvious logic.

The major change in the ability to interpret and understand the city emerged in the 20th century. Its evolution in terms of size – radial and uniform, up until them – occurred in neighbourhoods located in different areas and independent of one another, mixing urban forms and building densities. The multiplication of these events and their scale made an interpretation of the city more complex. In the second half of the 20th century, buildings gained in terms of expressive autonomy in relation to the urban unity. The use of new building techniques and contemporary materials allowed architects to explore varied new languages. In parallel, the identity of cities and thus, a sense of belonging, weakened.

The last two photographs show us buildings completed on Boulevard Carl-Vogt in Plainpalais by the Honegger brothers, and the large La Tourelle ensemble in Petit-Saconneux by the architects Paul Waltenspühl, Georges Brera, Georges Berthoud, and Claire and Oscar Rufer. These examples interest us in terms of the intention to pursue an urban, architectural and building culture unique to Geneva. Part of the "natural" extension of the city, they carry with them the richness of urban solutions specific to us. From modernist low-rises to large ensembles, they represent "moments"

EASYSERVICE // Garage Auto
SECURITY DIVISION

in the identity of the Geneva urban fabric. This presence is also apparent in the strong interdependence between architectural expression and building systems. Other examples, of course, carry this same relevance, with different building characterisations and materials – Le Lignon, for example, although the continuity of a "historical" mineral language is broken. This photographic ramble through the city comes to a halt prior to recent decades, which, in our opinion, and for a number of reasons – particularly the arrival of Postmodernism and several other subsequent -isms – lost the collective meaning of the architectural project in favour of a more formalistic and individualistic path. We have the feeling, even the conviction, that this period has come to an end, and that issues of global reconciliation are leading us back to the search for shared values, constrained by climactic and social paradigm shifts.

Through the projects presented here, we wish to translate the sense of *urban presence* whose roots lie in the above reflections. The examples that we show hail from an array of urban contexts, ongoing realities in our line of work today, for which we have systematically turned to an approach based in continuity – and even the restoration or conclusion of the existing surrounding fabric. The variety of urban forms produced is immediately apparent. This feature traces the evolution in the question of building type over the centuries, specific to the development of every city and culture. The modernist assumption that the low-rise alone represents the ideal solution, based on innovation criteria rooted in hygienist reasoning, is challenged. The array of urban forms presented highlights the intrinsic qualities of each proposed solution. The relevance of the choices is tied to the strengthening of the identity of a place and the urban features of a neighbourhood. We believe that the questions of *presence* relating to urban form appears to coincide with the recognition of this building property. The more removed we are from the ability to perceive and catalogue the general form of a building, the stronger its status as an exception grows. It will thus not contribute to the strengthening of a sense of unity and belonging to a place. This is the condition in which collective urban values appear to crystallize for us.

An architectural expression in simple, calm language allows this sense of recognition to develop. Over the course of a project, we strive to get down to basics by reducing components. The search for a minimalist vocabulary owes a great deal to the proportions between these parts and a whole, allowing beauty to emerge. *Urban presence* also appears through this attitude of restraint. The discreet elegance produced does not impose itself, but accompanies the observer's perception towards a vision that is general rather than particular. The multiplication of expressive possibilities now supported by society makes an overarching vision – and thus, a vision of collective legitimation – impossible. The maintenance of a restrained approach supports this form of collective wellbeing.

We are diligent in our use of the prefabrication process, using these intrinsic static features as best as possible. This technique belongs to a contemporary building culture strongly rooted in the Lake Geneva region. The large format of the elements, a sort of giant order, is systematically used – a recognition of a scale that we associate with that of the city, rather than with a building's functional programme. This choice is intended to create a dialogue with urban surroundings. The strength of this practice lies, in part, in how it is rooted in our region, in the intimate relationship between expression and construction that we feel belongs to the past and which encompasses an idea of *beauty in truth*. The repetition of this solution calls upon periods of the city's construction reproduced in the photographs that accompany this text; it seeks to leave a sufficiently strong trace in the urban fabric to play a part in its identity. Despite the current dispersal of the urban area's edifices, these examples might act in the same way as the architecture of the Honegger brothers. Their quantity, homogeneity and adoption of a constant language contribute to Geneva's identity. The principle of repetition corresponds to a love of the artisanal approach of endlessly carrying out the same gestures to improve know-how and bear the values of collective identity. This is perhaps the moment in which the idea of *presence* becomes a source of urban identity.

JURY
2009
2010
JURY
2011
JURY
2013
JURY
2012

SOZIALER WOHNUNGSBAU
IMMEUBLES DE LOGEMENTS SOCIAUX
SOCIAL HOUSING

Lancy (2009–2014)

Das neue Ensemble von La Chapelle steht auf einem Areal am Rand einer Einfamilienhaussiedlung der Gemeinde Lancy. Der Bebauungsplan sieht verschiedene städtische Wohnblocks in unterschiedlicher Höhe vor. Ein öffentlicher Raum oberhalb des Gemeinschaftsparkplatzes stellt das Bindeglied zwischen den beiden Bauabschnitten des Quartiers dar. Die neuen Gebäude tragen der Lage am Stadtrand Rechnung, indem die Wohnungen um einen offenen Innenhof herum angeordnet sind.

Le nouvel ensemble de La Chapelle s'inscrit dans un périmètre en bordure de la zone Villas de la commune de Lancy. Le plan de quartier propose une variété de plots urbains de différentes hauteurs. Un espace collectif au-dessus du parking commun assure le lien entre les deux phases du quartier. Les nouveaux immeubles interprètent la situation péri-urbaine, organisant les appartements autour d'une cour à ciel ouvert.

The new La Chapelle ensemble is situated on a plot on the fringes of the residential area in the municipality of Lancy. The district plan offers an array of urban plots of various elevations. A collective space set on a shared car park creates a link between the two levels of the district. The new buildings play on the periurban location, organising the apartments around an open-air courtyard.

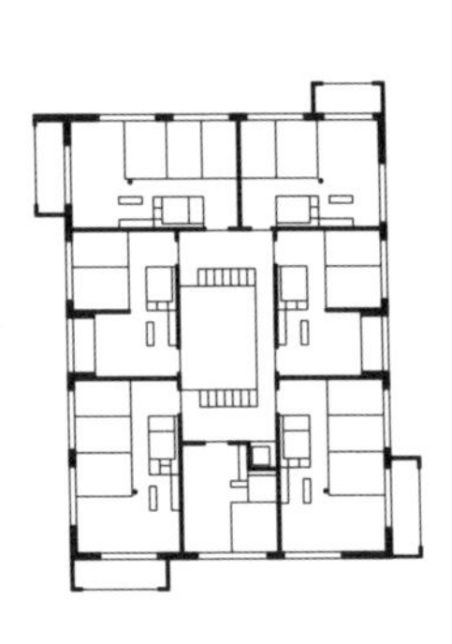

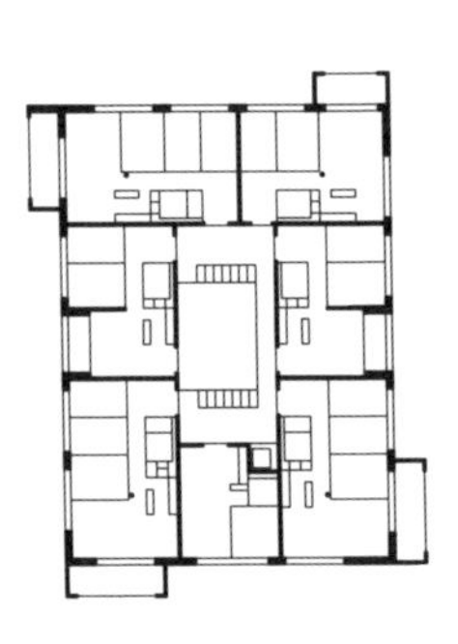

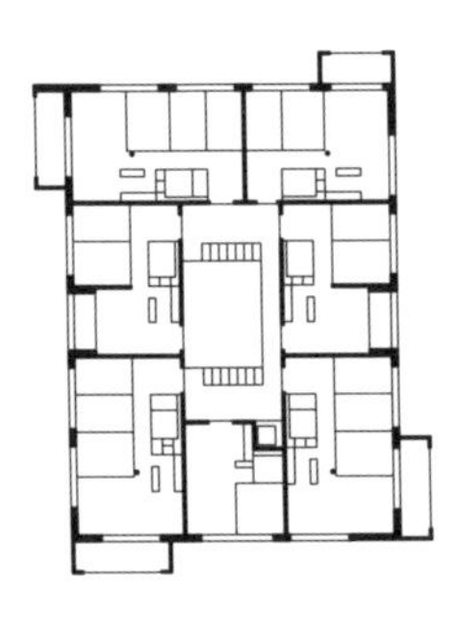

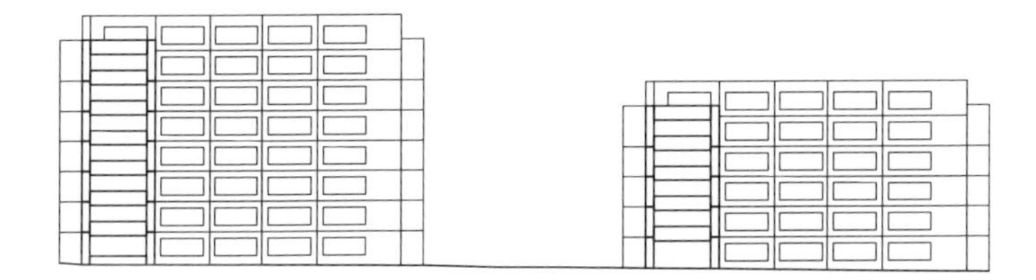

WOHNGEBÄUDE
IMMEUBLES D'HABITATION
APARTMENT BUILDINGS

Genf Genève Geneva (2010–2022)

Die Gebäude fügen sich in ein heterogenes Umfeld ein. Hundert Jahre alte Häuser, ein Handwerkerviertel aus der Mitte des 20. Jahrhunderts und grosse Gebäudekomplexe aus der zweiten Hälfte des letzten Jahrhunderts umgeben den Projektbereich. Bei den Neubauten sind die Prinzipien aufgegriffen, nach denen auch die Nachbargebäude angelegt wurden, gleichzeitig hat man bei diesen aber leichte Krümmungen beziehungsweise Knicke eingeführt, durch die sie sich sensibler in die bewegte Topografie und in die schöne bestehende Vegetation eingliedern.

Les bâtiments s'inscrivent dans un site hétéroclite. Des maisons centenaires, un quartier artisanal du milieu du XXème siècle et des grands ensembles de la seconde moitié du siècle passé entourent le périmètre du projet. Les nouveaux édifices reprennent les règles d'implantation des immeubles voisins tout en introduisant des pliages qui permettent une inscription plus fine dans la topographie mouvementée et la généreuse végétation existante.

The buildings are set on a heterogeneous site. Hundred-year-old homes, a mid-20th century artisan district, and large ensembles from the second half of the previous century surround the project's perimeter. The new buildings draw from the regulations applying to neighbouring volumes, but introduce a bend that allows subtler integration into the uneven topography and lush existing vegetation.

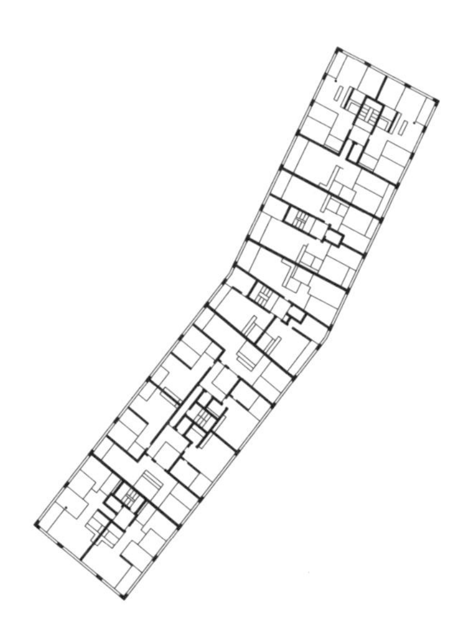

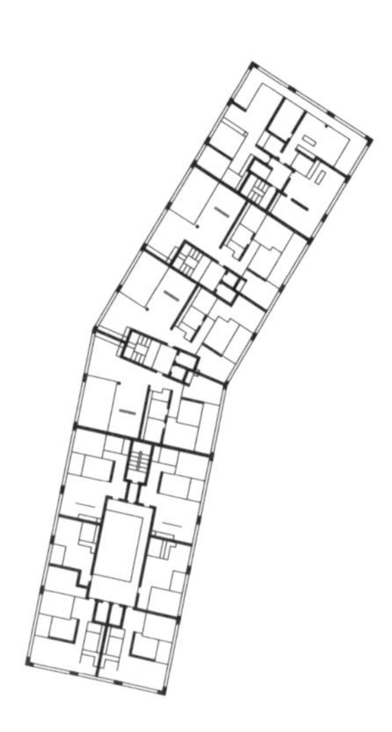

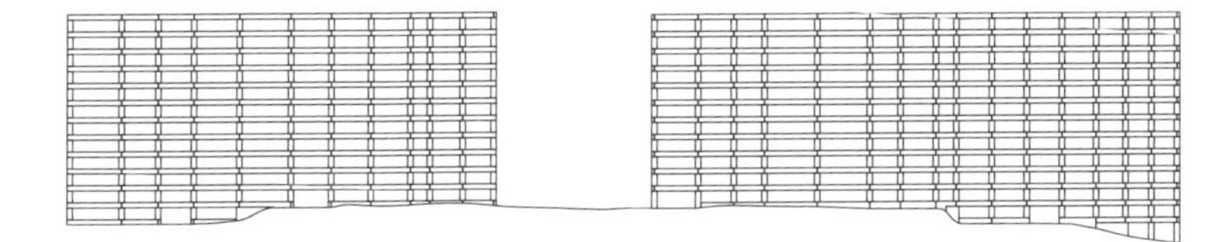

MULTIFUNKTIONALES ZENTRUM UND GEMEINDEVERWALTUNG
CENTRE MULTIFONCTIONNEL ET SERVICES COMMUNAUX
MULTIFUNCTIONAL CENTRE AND MUNICIPAL SERVICES

Plan-les-Ouates (2010–2015)

Durch die vielfältigen, in ihm gebündelten sozialen und gewerblichen Einrichtungen – eine Feuerwehrkaserne, eine Kinderkrippe sowie Geschäfte – wird dieser Gebäudekomplex zu einem starken urbanen Anziehungspunkt im Zentrum eines sich schnell wandelnden Industriegebiets. Zu dieser einzigartigen programmatischen Ausrichtung kommt eine grosse Durchlässigkeit des Erdgeschosses, die mit einer internen Strasse den Baukörper wie eine überraschende Stadtlandschaft durchzieht.

La présence de multiples formes d'activités, d'une caserne de pompiers, d'une crèche et de commerces fait de cet édifice un puissant aimant urbain, au centre d'un quartier industriel en rapide mutation. Cette qualité programmatique unique s'accompagne d'une grande perméabilité du rez-de-chaussée qui, par une rue intérieure, traverse comme un surprenant paysage urbain l'ensemble des volumétries.

The presence of different types of activities, including a fire station, a childcare centre and shops, make this building a highly attractive urban presence in the heart of a quickly-transforming industrial district. The unique quality of this programme is accompanied by the substantial permeability of the ground level, intersected by an internal street that cuts across it in continuity with the urban landscape, impacting the whole of the surrounding structure.

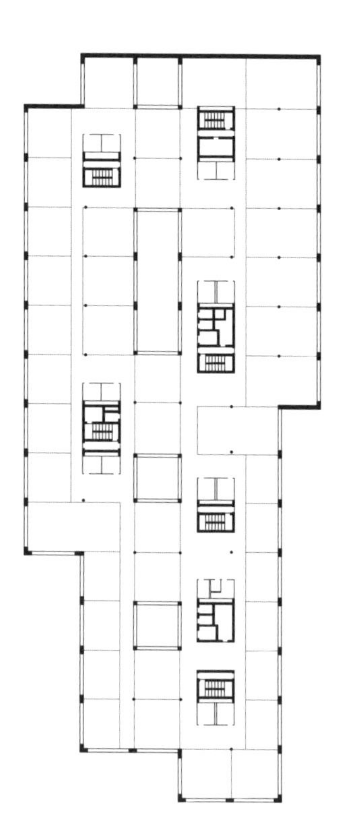

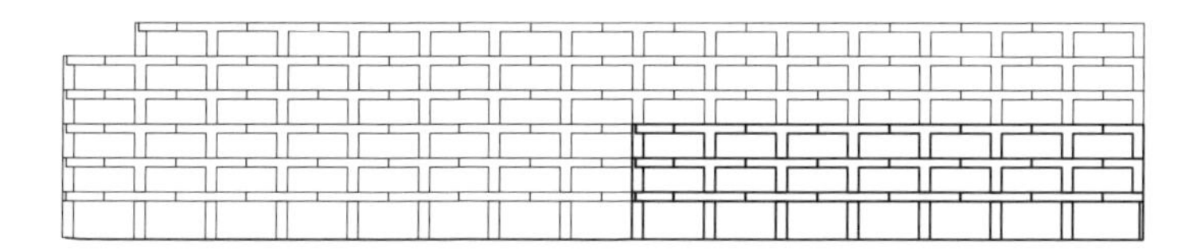

INFORMATIQUE
DANS LE CLOUD
SYSTÈMES
D'IMPRESSION
Sur toute
la zone

UNIVERSITÄTSCAMPUS SUPSI
CAMPUS UNIVERSITAIRE SUPSI
UNIVERSITY CAMPUS SUPSI

Mendrisio (2012–2020)

Der neue Universitätscampus liegt an der Eisenbahnlinie in einem Industriegebiet, das sich gerade grundlegend wandelt. Auf den angrenzenden Grundstücken befinden sich Wohnebäude und eine kürzlich errichtete Siedlung. Das Projekt passt sich in den Baubestand der Umgebung ein, wobei es die durch die Schienen vorgegebene Geometrie als das bestimmende Element der Anlage anerkennt. Die Grösse der Baukörper entspricht deren institutioneller Funktion.

Le nouveau campus universitaire longe les chemins de fer dans un site industriel en forte mutation. Des immeubles et de l'habitat groupé récent sont venus occuper les parcelles voisines. Le projet réagit en coupe aux différents volumes bâtis qui l'entourent tout en reconnaissant la géométrie des rails comme l'élément générateur du principe d'implantation. Les importantes volumétries reflètent le rôle institutionnel du programme.

The new university campus is set along the railway lines on an industrial site undergoing major transformation. Buildings and new housing units now occupy the neighbouring plots. From a sectional perspective, the project responds to the various surrounding buildings, while recognising the geometry of the railways as the fundamental element to the setting. The large size of the structures expresses the institutional nature of the programme.

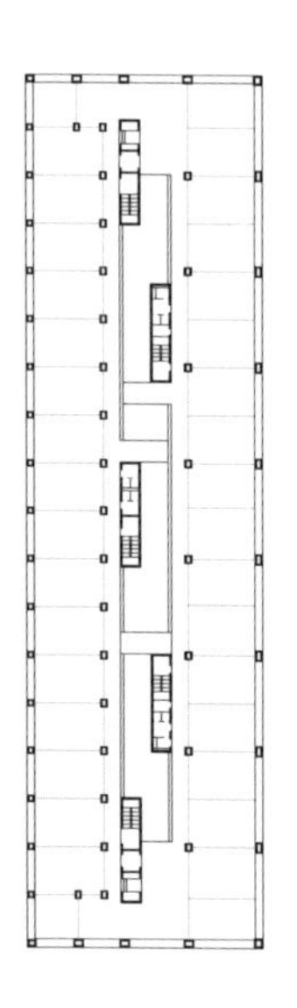

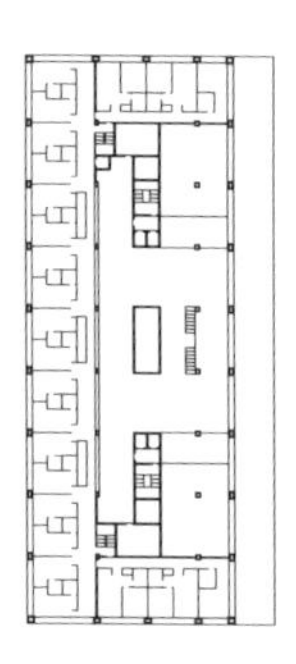

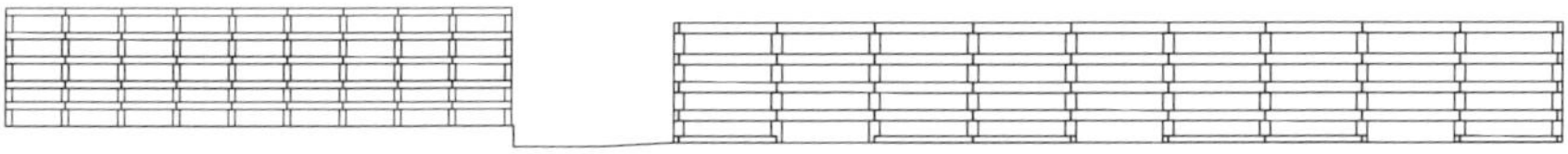

MEHRZWECKGEBÄUDE
IMMEUBLES MULTIFONCTIONNELS
MULTIFUNCTIONAL BUILDINGS

Thônex (2013–2021)

Das Quartier Communaux d'Ambilly ist ein bedeutendes Projekt in der immer dichter besiedelten Agglomeration rund um die Stadt Genf. Aus der Einbeziehung der territorialen Dimension des Projekts, dem Zusammenspiel mit der umliegenden Landschaft und der Agrarstruktur geht ein offenes, zeitgenössisches Quartier hervor. Die hybrid urbanen Formen interagieren miteinander und lassen überraschende und vielfältige öffentliche Räume entstehen.

Le quartier des Communaux d'Ambilly est l'un des importants projets de la nouvelle couronne de densification autour de la ville de Genève. La reconnaissance d'une dimension territoriale du projet, l'interaction avec le paysage lointain et la structure agricole existante engendrent un quartier ouvert et contemporain. Les formes urbaines hybrides interagissent pour produire des espaces publics inattendus et variés.

The Communaux d'Ambilly district is one of the major projects located along the new ring of densification around the city of Geneva. Recognition of a territorial aspect of the project, interaction with the distant landscape, and pre-existing agricultural structures have produced a contemporary and open district. The urban forms are hybrid and interact to produce unexpected and varied public spaces.

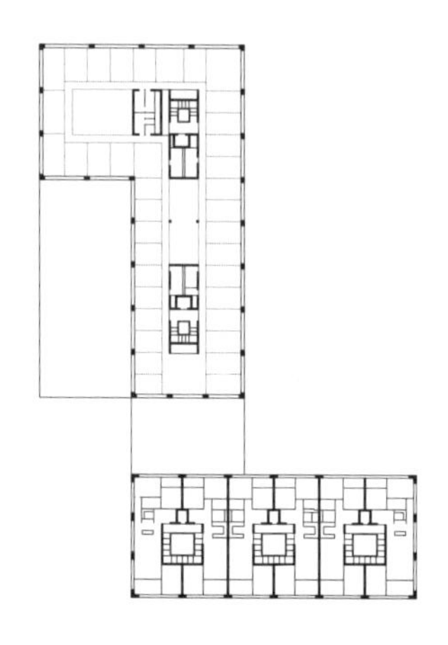

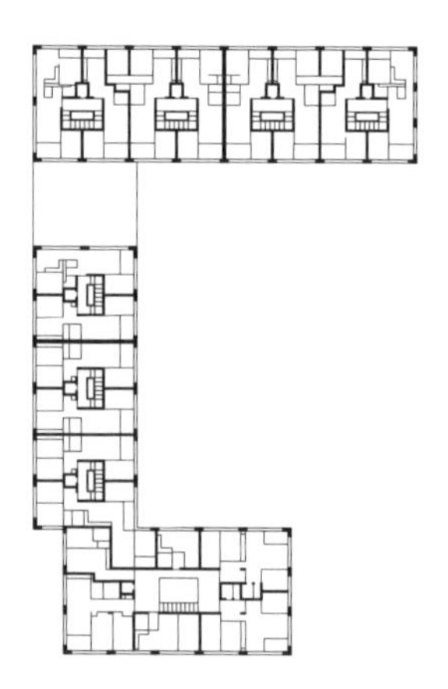

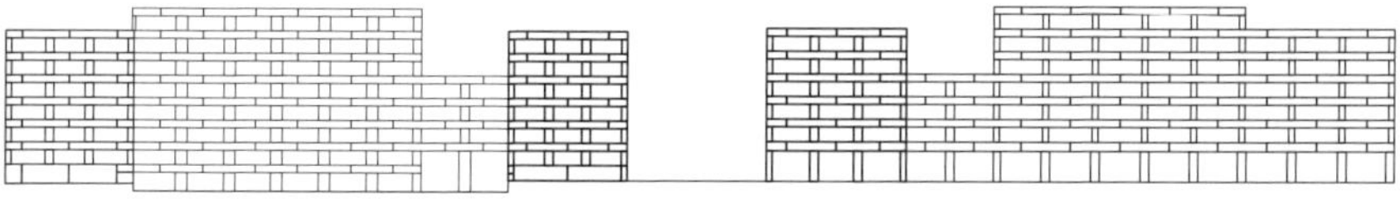

MEHRZWECKGEBÄUDE
IMMEUBLES MULTIFONCTIONNELS
MULTIFUNCTIONAL BUILDINGS

Genf Genève Geneva (Wettbewerb/Concours/Competition 2013)

Das Quartier hat sich im 20. Jahrhundert entwickelt und weist zahlreiche städtische Formen auf. Die neue, in diesem Bezirk entstandene Verdichtung und das Zusammenspiel mit dem urbanen Gefüge haben zu einer präzise abgestimmten Anlage geführt, die eine starke Wechselwirkung zwischen den Gebäuden und eine ideale Sonneneinstrahlung ermöglicht. Durch die Gebäudesockel wird eine engere Anbindung an den öffentlichen Raum hergestellt, wie etwa zu den vor Ort ansässigen Handwerksbetrieben. Das schmale, hohe Bauvolumen orientiert sich an der Höhe der benachbarten Gebäude.

Le quartier se développe au XXème siècle et comprend de nombreuses formes urbaines. La nouvelle densité du secteur et la situation d'articulation dans le tissu urbain sont à l'origine d'une implantation ponctuelle permettant une forte interaction entre les bâtiments et un ensoleillement idéal. Les socles établissent une relation plus fine avec l'espace public, comme les activités artisanales présentes sur le site. L'affinement des volumes vers le haut coïncide avec la hauteur des immeubles voisins.

The project lies at the centre of a district largely developed over the course of the 20th century with a wide array of urban forms. The new density arising in the sector and the location of articulation in the urban fabric led to a particular setting, allowing strong interaction between buildings, as well as ideal sunlight. The bases create a subtler relationship with public space, including the artisan workshops present on site. The volumes narrow at the height of neighbouring blocks in order to ensure a visual continuity with the surroundings.

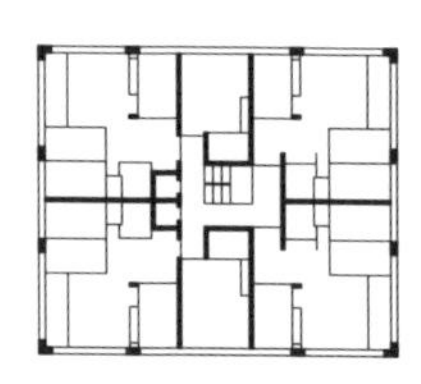

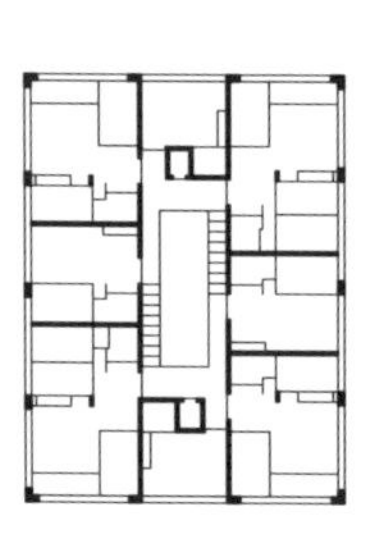

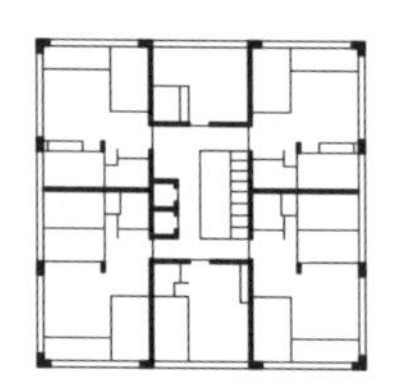

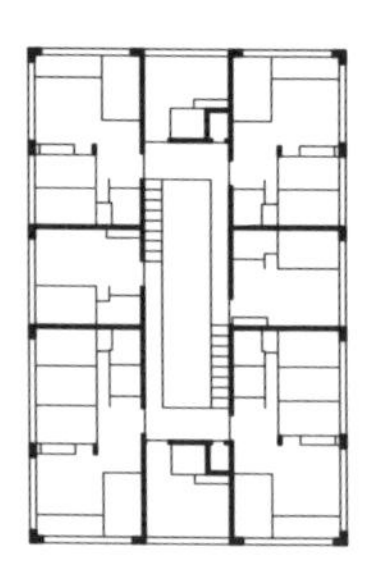

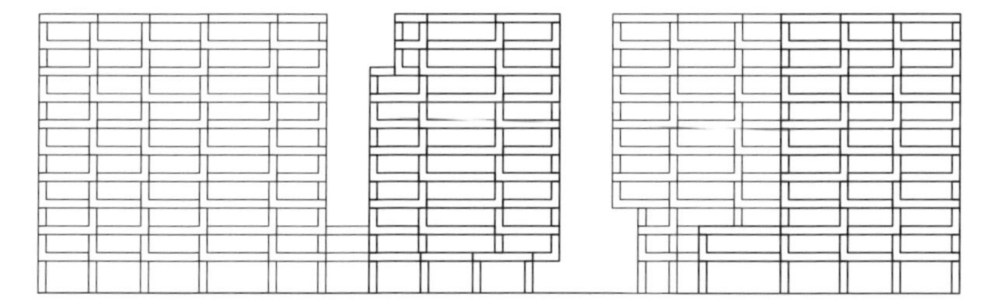

WOHNGEBÄUDE
IMMEUBLES D'HABITATION
APARTMENT BUILDINGS

Chêne-Bougeries (2013–2022)

Das Plateau de l'Ermitage liegt am Rand des bebauten Stadtgebiets in einem alten Villenviertel. Ein der Tiefe des Geländes entsprechender Streifen ist seit Jahrzehnten für die städtebauliche Verdichtung vorgesehen. Bei dem Entwurf wird der benachbarte urbane Massstab aufgegriffen und auf einen Gebäudekomplex übertragen, der die kleine Dimension der Villen und die bestehende üppige Vegetation als identitätsstiftende Charakteristika des Gebiets respektiert. Die Vielfalt der Gebäudegrundrisse und -querschnitte macht das Plateau zu einem Ort mit zahlreichen unterschiedlichen Perspektiven.

Le plateau de l'Ermitage se situe en périphérie de la ville dense, dans un quartier historique de villas. Une bande correspondante à la profondeur du site est depuis des décennies destinée à la densification. Le projet reprend l'échelle urbaine voisine en un ensemble qui respecte les petites dimensions des villas et la luxuriante végétation existante comme les caractéristiques identitaires du périmètre. La variété en plan et en coupe des volumes en fait un lieu avec des perspectives multiples et variées.

The Ermitage plateau is located on the edge of the denser urban fabric in a historical villa district. The densification of a strip corresponding to the depth of the site has been planned for decades. The project translates the neighbouring urban scale into an ensemble that takes into account the small size of the villas and the magnificent existing vegetation as the defining elements of the site. The array of volumes in plan and cross-section creates a place of multiple and varied perspectives.

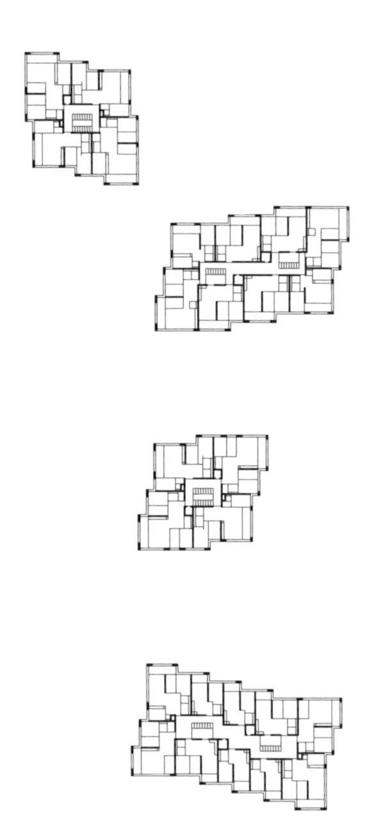

WOHNGEBÄUDE
IMMEUBLES D'HABITATION
APARTMENT BUILDINGS

Lancy (2014–2018)

Die Gebäude gehören zum zweiten Bauabschnitt des Quartiers La Chapelle. Mit ihrem urbanen Erscheinungsbild stellen sie eine der ersten Reihen von Gebäuden dar, die einen innenliegenden, offenen Hof aufweisen. Die Wohnungen sind so angelegt, dass die Wohnräume nach zwei Seiten hin ausgerichtet sind und dadurch eine intensive visuelle Beziehung zu der sie umgebenden städtischen Landschaft entsteht.

Les immeubles appartiennent à la seconde phase de construction du quartier de La Chapelle. La forme urbaine est une variation de la première série d'édifices qui adoptent le principe de la cour à ciel ouvert. La configuration des appartements permet d'exploiter la double orientation des espaces de jour en créant une relation visuelle étroite avec le paysage urbain qui l'entoure.

The buildings are part of the second stage of the La Chapelle district development. The urban form is a variation on the first series of buildings, using the principle of an open-air courtyard. The apartments benefit from a dual aspect layout encompassing the living spaces, creating an intense visual relationship with the surrounding urban landscape.

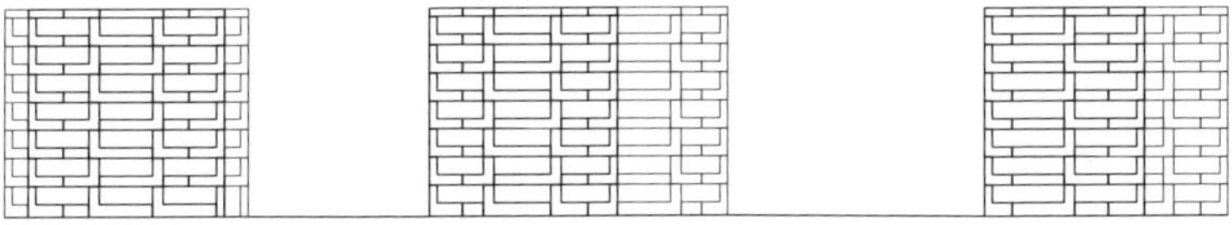

GEWERBE- UND BÜROGEBÄUDE
HÔTEL INDUSTRIEL D'ENTREPRISES
INDUSTRIAL AND OFFICE BUILDING

Petit-Lancy (Wettbewerb/Concours/Competition 2013)

Das Gewerbe- und Industriegebiet, in dem das Projekt liegt, verwandelt und verdichtet sich unter Beibehaltung seiner ursprünglichen Bestimmung und erfährt eine Bereicherung um kollektive und administrative Konzepte. Das Projekt konsolidiert den industriellen Charakter des Standortes und berücksichtigt zugleich mit der Grösse des Ensembles die neue Dichte. Gemeinschaftsaktivitäten und öffentliche Einrichtungen sind auf dem Dach untergebracht, wo man von der Aussicht, der Sonne und der Entfernung zum Stadtverkehr profitieren kann.

La zone artisanale et industrielle à laquelle le projet appartient se transforme en se densifiant tout en gardant sa programmation d'origine et en s'enrichissant de programmes collectifs et administratifs. Le projet consolide le caractère industriel du site tout en reconnaissant la nouvelle densité par la grande échelle de l'ensemble. Les activités collectives et les équipements publics viennent occuper la toiture en profitant du paysage, de l'ensoleillement et de l'éloignement du trafic urbain.

The artisan and industrial zone to which the project belongs has transformed and grown denser while preserving its original vocation and further developing collective and administrative programmes. The project strengthens the industrial nature of the site while taking into account the new density through the large scale of the whole. Collective activities and public facilities occupy the roof, taking advantage of the landscape, sunlight and distance from urban traffic.

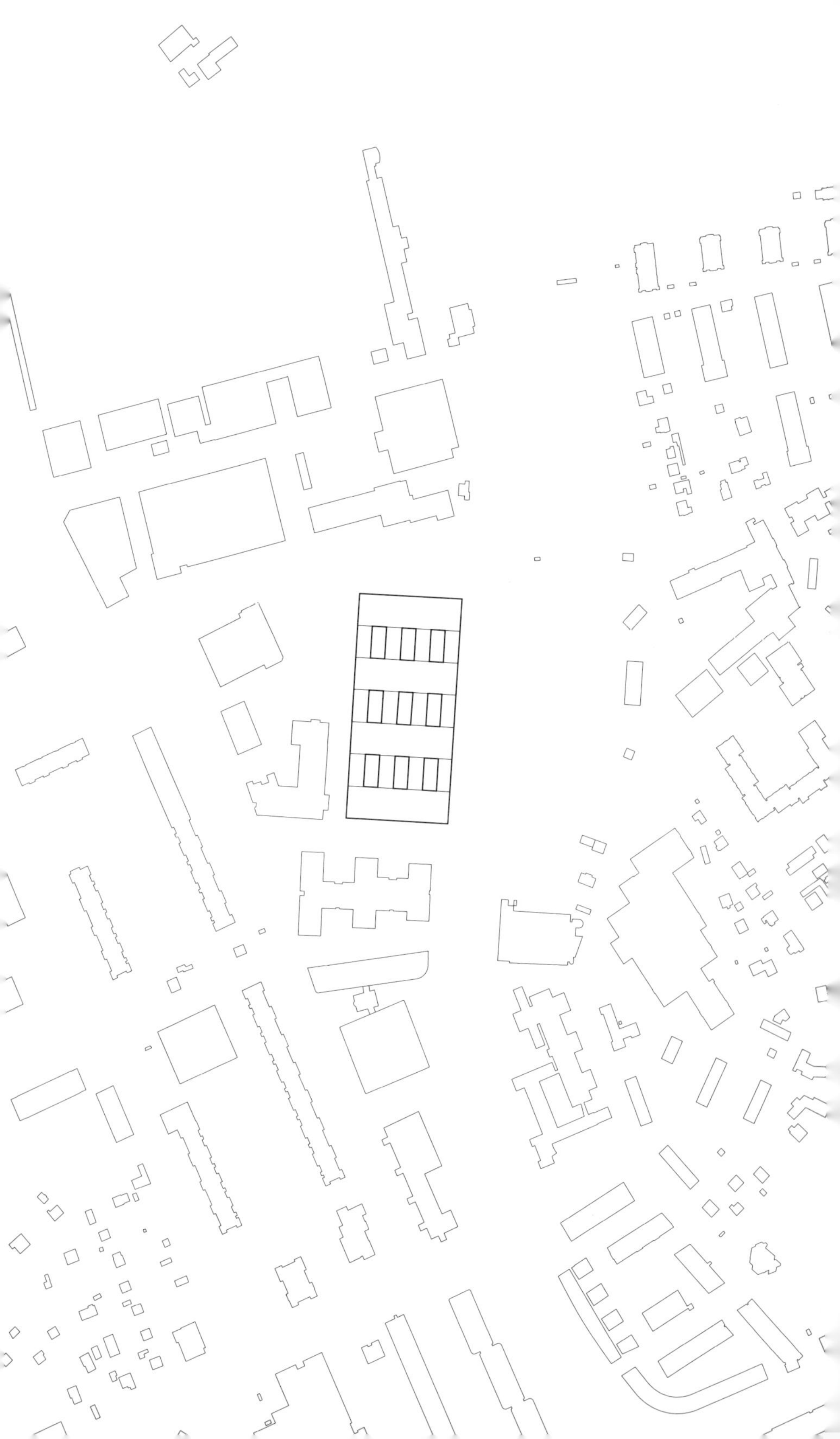

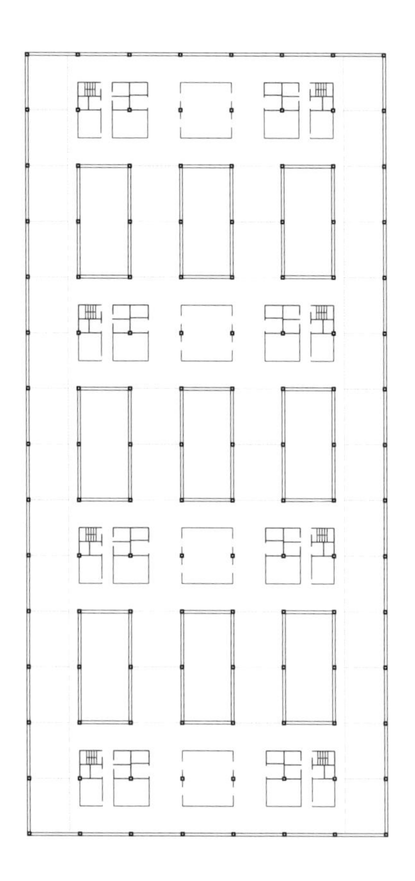

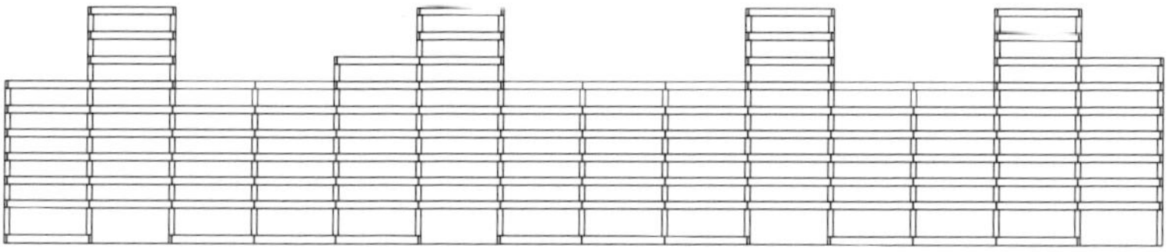

PRIVERA

PRO ALLIANZ

MEHRZWECKGEBÄUDE
IMMEUBLES MULTIFONCTIONNELS
MULTIFUNCTIONAL BUILDINGS

Petit-Saconnex (2014–2022)

Die Gruppe aus Wohngebäuden, Aufnahme- und Freizeiteinrichtungen am Chemin des Coudriers in Petit-Saconnex stellt mit grossem Feingefühl eine Beziehung zu dem umliegenden, bunt zusammengewürfelten Stadtgefüge her. Mit seiner urbanen Form, die durch das unterschiedliche Nebeneinander kleiner Baueinheiten entsteht, versucht das Ensemble, auf abwechslungsreiche Weise den vielgestaltigen benachbarten Baukörpern Rechnung zu tragen. Der durchlässig gestaltete öffentliche Raum leistet einen weiteren Beitrag zur charakteristischen Komplexität des Gebietes.

Le groupe d'immeubles d'habitation, d'accueil et d'activités du chemin des Coudriers au Petit-Saconnex interagit tout en finesse avec le tissu urbain hétéroclite qui l'entoure. Par sa forme urbaine, constituée d'un assemblage différencié de petites unités bâties, l'ensemble cherche à réagir de façon variée aux multiples programmes et aux diverses volumétries voisines. La perméabilité de l'espace public contribue activement à cette complexe caractéristique du site.

The group of residential, reception and activity buildings from Chemin des Coudriers to Petit-Saconnex subtly interacts with the variety of the surrounding urban fabric. Through its urban form, made of a differentiated assembly of small building units, the ensemble respond to the multiple programmes and varied neighbouring volumes in different ways. The permeability of the public space actively contributes to the complex and is characteristic of the site.

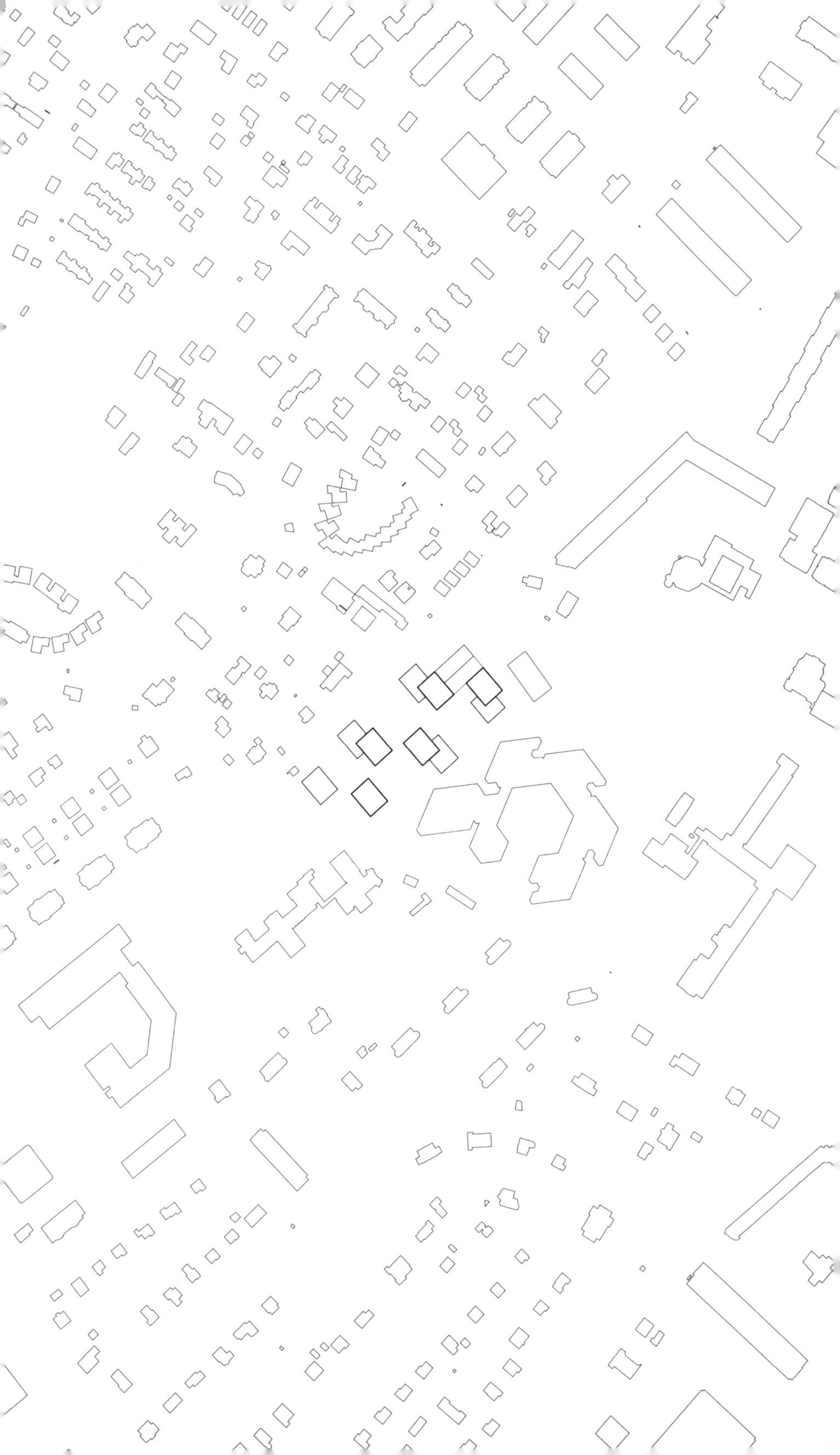

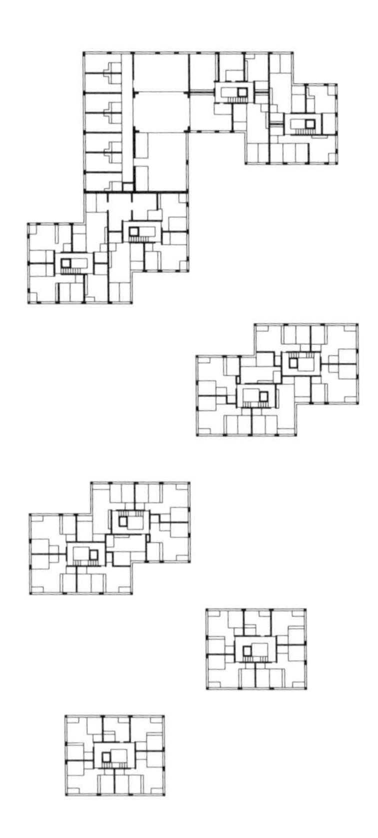

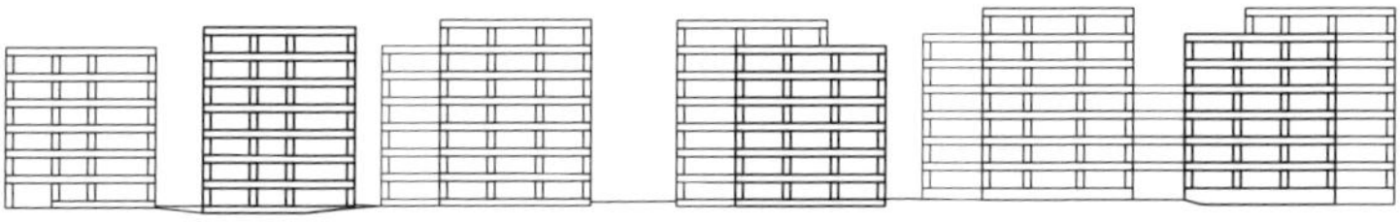

WOHNGEBÄUDE UND KINDERKRIPPE
IMMEUBLES D'HABITATION ET CRÈCHE
APARTMENT BUILDINGS AND CRÈCHE

Plan-les-Ouates (2015–2020)

Das Quartier Sciers in Plan-les-Ouates befindet sich am Rand einer landwirtschaftlichen Zone und schliesst sich an das kürzlich städtebaulich erschlossene Gebiet von La Chapelle an. Durch das Prinzip, unterschiedlich lange und hohe Gebäude anzusiedeln, erfolgt eine Anpassung an die Landschaft zwischen dem Jura und dem benachbarten Mont Salève. Ein sanftes Gefälle des Geländes begleitet diese grosszügige städtische Bebauung und stellt eine Anbindung an ihre unmittelbare Umgebung her.

Le quartier des Sciers à Plan-les-Ouates se situe en limite de la zone agricole, dans la continuité du récent périmètre urbanisé de La Chapelle. Le principe d'implantation des édifices, de longueurs et hauteurs différentes, établit une relation à l'échelle du paysage entre le Jura et le Salève voisin. La faible pente du site accompagne ce généreux mouvement urbanistique avec le territoire qui l'entoure.

The Sciers district in Plan-les-Ouates is located at the edge of the agricultural zone in a continuation of the recently urbanised area of La Chapelle. The buildings of varying lengths and heights are set so as to create a relationship with the skyline of the Salève and Jura. The gentle slope of the site creates harmony between this generous urban movement and the surrounding territory.

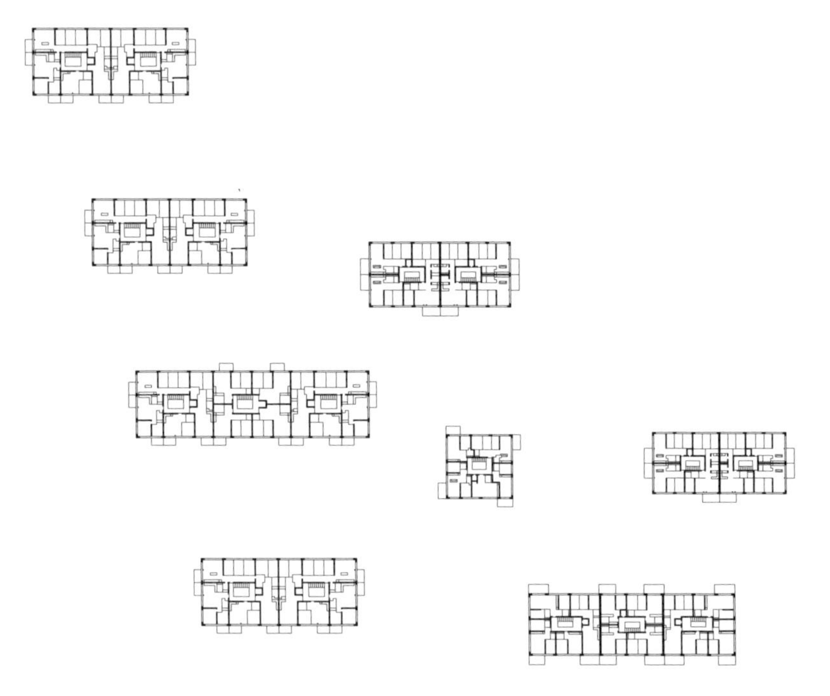

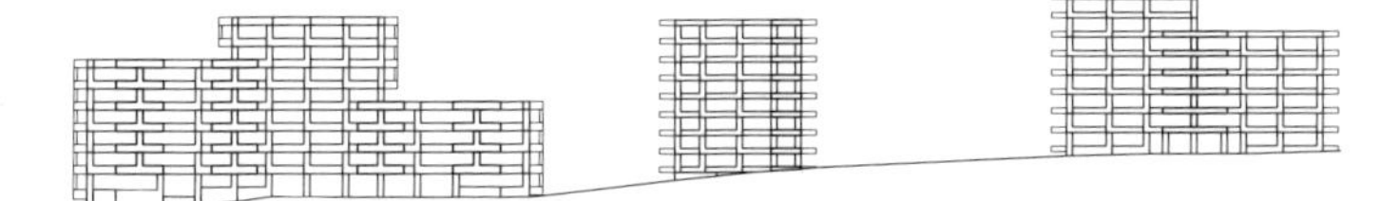

WOHNGEBÄUDE
IMMEUBLES D'HABITATION
APARTMENT BUILDINGS

Genf Genève Geneva (Wettbewerb/Concours/Competition 2017)

Die sehr grossen, dicht bebauten Inseln, die eines der ersten grossen Projekte im Gebiet Praille – Acacias – Vernets in Genf darstellen, werden aus verschiedenen Wohnbauprojekten hervorgehen. Die zahlreichen Eigentümer, die hier leben werden, wird man an den unterschiedlichen Formen der Wohnungen und an der Variation eines gemeinsamen architektonischen Ausdrucks erkennen. Die Aussen- und Innenräume der Wohnblöcke weisen vielfältige, vergleichbare Formen auf und bieten gleichzeitig ergänzende Räumlichkeiten.

Les très grands et denses îlots qui constituent l'un des premiers important projet du secteur Praille – Acacias – Vernets à Genève découlent de différents projets de logements. Les multiples propriétaires qui occuperont les squares seront reconnaissables par les formes d'habitats diversifiés et une variation sur une expression architecturale commune. Les extérieurs et les intérieurs des îlots ont des intensités spatiales comparables tout en proposant des espaces complémentaires.

The extremely large, dense blocks constitute one of the first major projects of the Praille – Acacias – Vernets sector in Geneva and will be the result of housing projects of varied nature. The numerous owners will be evident in the different forms of housing and the variations on their common architectural expression. The blocks exteriors and interiors have comparable spatial intensities, while offering complementary spaces.

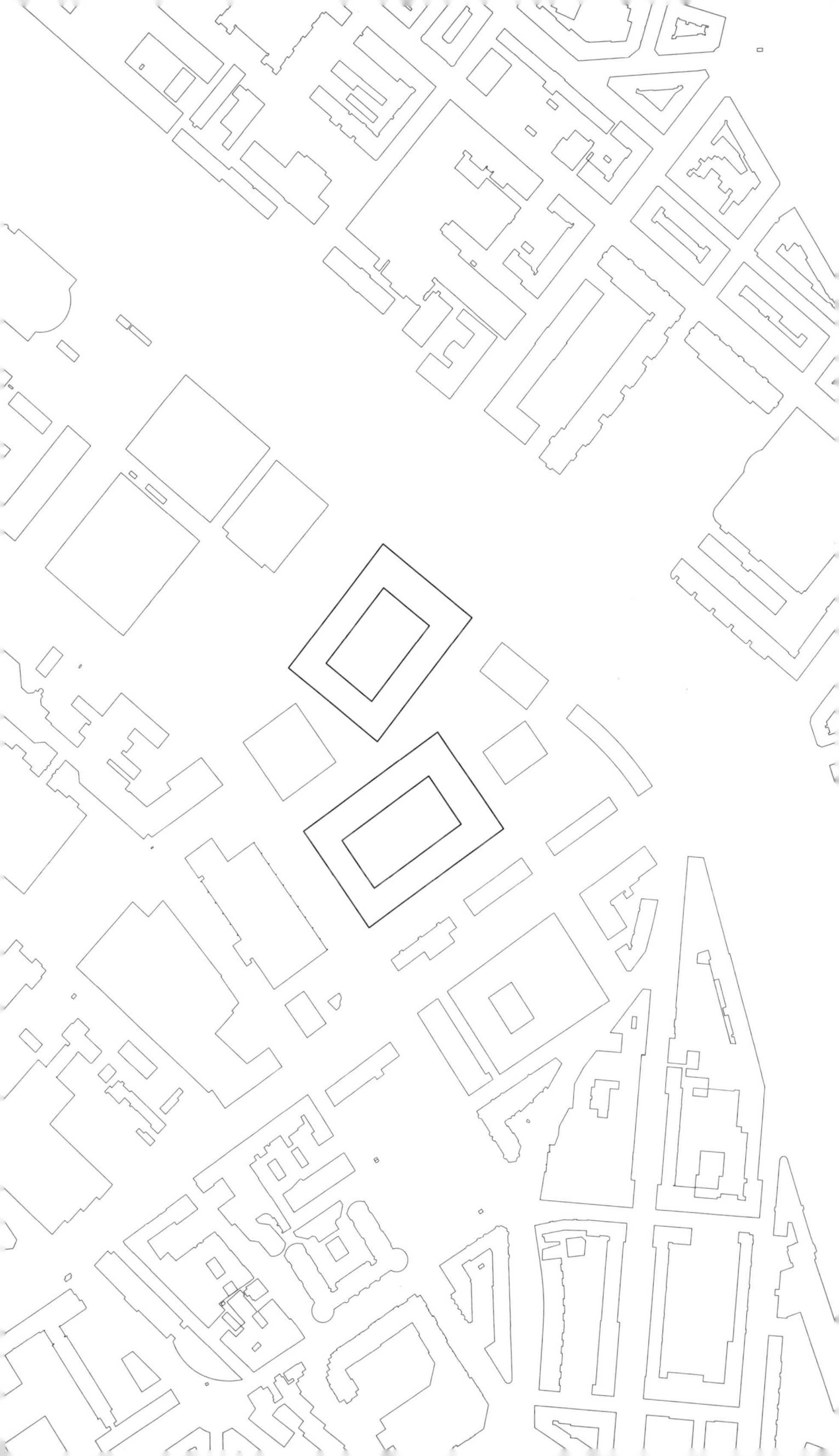

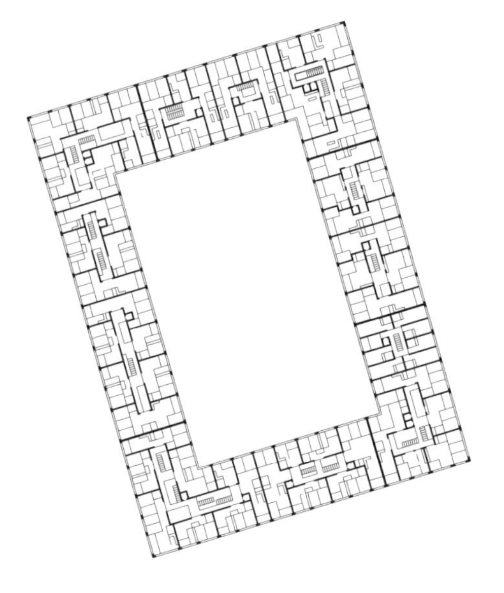

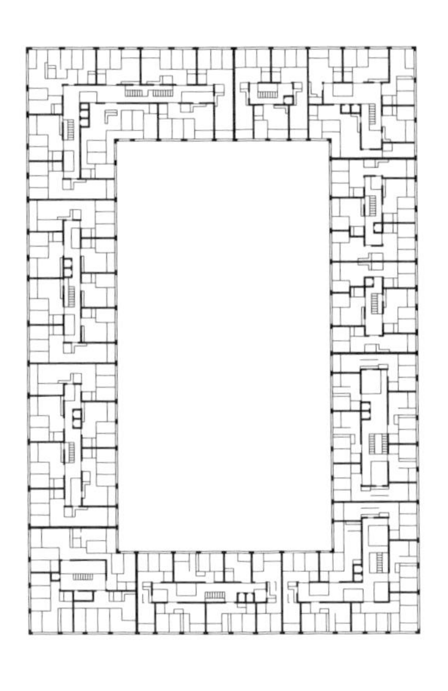

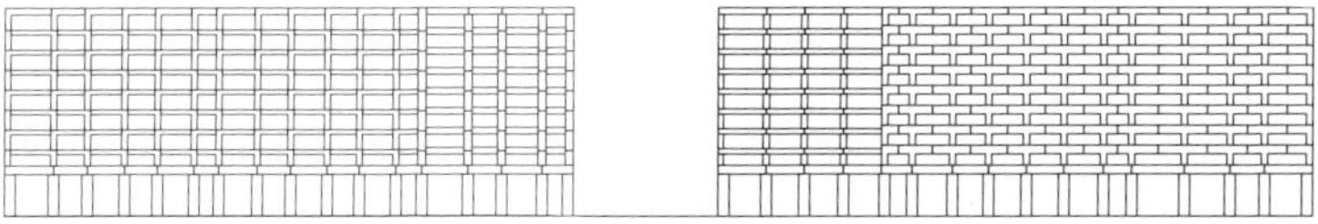

WERKVERZEICHNIS
SÉLECTION DES ŒUVRES
LIST OF WORKS

2003–2005	Groupe scolaire et crèche économique Chemin des Ouches 19, Genève
2001–2006	Banque Pictet & Cie Route des Acacias 60, Genève
2003–2005	Ecole primaire de la Maladière Avenue du Mail 13, Neuchâtel
2005–2008	Crèche Champs-Fréchets Rue des Lattes 69, Meyrin
2008–2010	Bâtiment UEFA La Clairière Avenue de Bois-Bougy 2, Nyon
2007–2012	Immeuble d'habitation Chemin des Fleurettes 3, Petit-Saconnex
2010–2011	Bâtiment UEFA Bois-Bougy Avenue de Bois-Bougy 2, Nyon
2009–2014	Immeuble de logements sociaux Chemin de compostelle 1/3/5/7, Lancy
2013–2015	Villa Route de Vandœuvres 81, Vandœuvres
2007–2010	Surélévation d'un immeuble Rue Bovy-Lysberg 2, Genève

2007–2012	Herbier du Jardin Botanique Chemin de L'Imperatrice 1, Pregny-Chambésy
2010–2015	Centre multifonctionnel et services communaux Chemin du Pré-Fleuri 3–5, Plan-les-Ouates
2014–2018	Immeuble d'habitation Chemin de Compostelle 16/20/24, Lancy
2017–2018	Habitations groupées Chemin de Saussac 15, Troinex
2012–2020	Campus universitaire SUPSI, Rue Francesco Catenazzi, Mendrisio
2015–2020	Immeuble d'habitation et crèche Chemin du Pré-de-la-Raisse 1–17, Plan-les-Ouates
2013–2021	Immeuble d'habitation et d'activités Les communaux d'Ambilly, Thônex
2013–2022	Immeubles d'habitation Chemin de la Chevillarde 11, 11 A/B/C, Chêne-Bougeries
2014–2022	Immeubles multifonctionnels Chemin des Coudriers 26, Petit-Saconnex
2010–2022	Immeubles d'habitation Chemin Ella-Maillart 1–19, Genève

BIOGRAFIEN
BIOGRAPHIES
BIOGRAPHIES

ANDREA BASSI

1964	geboren in Lugano
1985	Architekturstudium an der Fachhochschule Lugano
1991	Magister an der Ecole d'Architecture et d'Urbanisme, Genf
1991–1993	Projektleiter im Büro Burkhalter & Sumi, Zürich
1994–2005	Eigenes Architekturbüro
2005	Gründung von Bassicarella Architectes, Partner und Vorstandsmitglied
2007–2015	Professur an der ETH Lausanne
2018	Gründung von Bassi Carella Marello Architectes

1964	Né à Lugano
1985	Etudes d'architecture à la HES/ETS, Lugano
1991	MA/EAUG, Genève
1991–1993	Chef de projet dans l'atelier Burkhalter & Sumi, Zurich
1994–2005	Atelier d'architecture indépendant
2005	Création du bureau Bassicarella Architectes, associé-administrateur
2007–2015	Professeur de projet à l'EPF Lausanne
2018	Création du bureau Bassi Carella Marello Architectes

1964	Born in Lugano
1985	Studied Architecture at the Lugano University of Applied Sciences
1991	MA at the Ecole d'Architecture et d'Urbanisme, Geneva
1991–1993	Project Manager, Burkhalter & Sumi, Zurich
1994–2005	Own architectural office
2005	Founded Bassicarella Architectes, Partner and Board Member
2007–2015	Professor at the EPF Lausanne
2018	Founded Bassi Carella Marello Architectes

ROBERTO CARELLA

1963	geboren in Bern
1983	Architekturstudium an der Ecole d'Architecture et d'Urbanisme, Genf
1983–1994	Tätigkeit als Techniker im Büro Damay Montessuit Carlier, Carouge; Architekt bei François Maurice, Genf
1994–2005	Eigenes Architekturbüro
2005	Gründung von Bassicarella Architectes, Partner und Vorstandsmitglied
2014–2017	Projektleiter Architektur an der ETH Lausanne
2018	Gründung von Bassi Carella Marello Architectes

1963	Né à Berne
1983	Etudes d'architecture à la HES/EIG Genève
1983–1994	Technicien au sein de l'atelier Damay Montessuit Carlier, Carouge; Architecte dans l'atelier François Maurice, Genève
1994–2005	Atelier d'architecture indépendant
2005	Création du bureau Bassicarella Architectes, associé-administrateur
2014–2017	Chargé de cours sur la gestion du projet d'architecture à l'EPF Lausanne
2018	Création du bureau Bassi Carella Marello Architectes

1963	Born in Bern
1983	Studied Architecture at the Ecole d'Architecture et d'Urbanisme, Geneva
1983–1994	Technician for Damay Montessuit Carlier, Carouge; Architect for François Maurice, Geneva
1994–2005	Own architectural office
2005	Founded Bassicarella Architectes, Partner and Board Member
2014–2017	Project Leader, Architecture at the EPF Lausanne
2018	Founded Bassi Carella Marello Architectes

BASSI CARELLA MARELLO ARCHITECTES

Andrea Bassi und Roberto Carella arbeiten seit 1996 zusammen, 2005 gründen sie gemeinsam BASSICARELLA ARCHITECTES. 2010 kommt Stefano Marello hinzu, 2015 dann Christine Emmenegger. Aufgrund dieser Veränderungen heisst das Büro seit 2018 offiziell Bassi Carella Marello Architectes.

Heute gehören zum Büro vier Teilhaber, drei Partner und 35 Mitarbeiter, 40% von ihnen sind Frauen. Bis jetzt wurden sämtliche Projekte in der Schweiz verwirklicht.

Eine Reihe von Ausstellungen und Artikeln sowie nationaler und internationaler Publikationen haben die wichtigsten Bauten des Büros bekannt gemacht. Einige der Arbeiten wurden 2006 und 2010 mit der *Distinction Romande d'Architecture* ausgezeichnet.

Andrea Bassi et Roberto Carella collaborent depuis 1996, et ont créé l'entité BASSICARELLA ARCHITECTES en 2005. Stefano Marello les rejoint en 2010 et Christine Emmenegger en 2015. Afin d'officialiser ces changements, le bureau devient Bassi Carella Marello Architectes en 2018.

Aujourd'hui le bureau est composé de 4 associés, 3 partenaires et 35 collaborateurs. 40% des membres de la structure sont des femmes. A ce jour, 100% des projets réalisés l'ont été en Suisse.

Diverses expositions, ainsi que des articles et des publications nationales et internationales ont permis de faire découvrir leurs principales réalisations. Certains de leurs travaux ont reçu la *Distinction Romande d'Architecture* en 2006 et 2010.

Andrea Bassi and Roberto Carella have been working together since 1996. In 2005, they co-founded BASSICARELLA ARCHITECTES. In 2010, they were joined by Stefano Marello, followed by Christine Emmenegger in 2015. To make this change official, in 2018, the group took the name Bassi Carella Marello Architectes. Today, the studio has four associates, three partners and 35 collaborators, of which 40% are women. So far, all the projects undertaken by the studio have been built in Switzerland. Their most important projects have been featured in a series of national and international exhibitions, articles and publications.

In 2006 and 2010, the office was awarded the *Distinction Romande d'Architecture*.

AUSSTELLUNGEN
EXPOSITIONS
EXHIBITIONS
2011–2018

2011	Béton, conférence – colloque, École polytechnique fédérale Lausanne, Lausanne Matérialité, exposition de l'International institute of architecture, Vico Morcote
2012	Cadrages, conférence à l'Ecole nationale supérieure d'architecture de Toulouse, Toulouse Ready, conférence à la Technische Universität, Berlin Neuf architectes, neufs propositions d'habiter, exposition à la Villa Noailles, Noailles
2014	Precast concrete buildings between research & reality, Moskau Architektur 0.14, exposition Architecture urbaine responsable, Zürich
2017	Appunti di una Ginevra urbana, conférence Cities Connection Project Lugano

PUBLIKATIONEN
PUBLICATIONS
PUBLICATIONS

2004	Andrea Bassi, Figures, Quart Verlag, Luzern
2016	Andrea Bassi et Roberto Carella, Matérialité, Quart Verlag, Luzern
2017	EPFL dir. Andrea Bassi, Terra Incognita, Orizzonti et Materia, éd. Infolio

BIBLIOGRAFIE
BIBLIOGRAPHIE
BIBLIOGRAPHY

1991	Concorso scuole medie di Breganzona. In: Rivista Tecnica Nr. 1/2
1997	Une maison au Tessin. In: ARCHImade Nr. 58 P. Meyer: Doublages. Extension d'un chalet à Verbier. In: Faces Nr. 41/97 Concorso per il teatro Kursaal a Lugano. In: Rivista Tecnica Nr. 11/12 Christoph Bignens: Zwei Häuser eine Ansicht. In: Archithese Nr. 1 Martin Tschanz: Entwurf als Interpretation. In: Archithese Nr. 2
1998	Casa Festa Rovera-Rigo a Bosco Luganese. In: Archi Nr. 4 Concorso per il centro civico Viarnetto a Pregassona. In: Archi Nr. 5/6 Benedikt Loderer: Die Architekten wollen nur Architekten sein. In: Bilanz Nr. 5 (Sonderbeilage Bauen & Wohnen) Deux villas individuelles avec piscine à La Capite. In: Faces Nr. 45 La finestra minimale. In: Rivista Tecnica, Nr. 2

1999	Maisons mitoyennes à Novazzano. In: AS – Architecture Suisse Nr. 135 Casa doppia a Novazzano. In: Rivista Tecnica Nr. 5/6 Andrea Felicioni: Giovani architetti svizzeri. In: Spazio & Società Nr. 4
2000	Concorso d'architettura internazionale Riva Lago Paradiso. In: Archi Nr. 4 Centre de diagnostic radiologique à Carouge. In: AS – Architecture Suisse Nr. 139 Peter Omachen: Urbanes Bauen mit prägnanten Formen in ländlicher Umgebung. In: Neue Zürcher Zeitung, 01. September Concours récents. Ecole primaire de la Maladière. In: Tracés Nr. 12 P. Fumagalli: Bauen im Tessin – Elf ausgewählte Bauten jüngerer Architekten. In: Werk, Bauen + Wohnen Nr. 11
2001	Viviane Scaramiglia: Vision cubique zen et transparente. In: Bâtir Nr. 8 Hubertus Adam: Verschluss, Blende, Objektiv. In: Bauwelt Nr. 41 J.-F. Pousse: Suisse, identité. Paysage privé. In: Technique & Architecture Nr. 457 J. Bell / L. Houseley: Swiss Survey – Architecture. In: Wallpaper, Mai Bernard Zurbuchen: Wettbewerb MICROMEGA. In: Werk, Bauen + Wohnen Nr. 7/8
2002	Casa con piscina a Ginevra. In: Archi Nr. 2 Due concorsi per residenze private. In: Archi Nr. 12 Wohnhaus 504.080/122.720 am Genfer See. In: Architektur + Wettbewerbe Nr. 189 Axel Simon: Urbane Campagne. Andrea Bassi: Vier Villen. In: Archithese Nr. 1 Kubische Visionen. In: Raum und Wohnen Nr. 3 Francesco Della Casa: Projeter dans la «ville verte», territoire né sans volonté. In: Tracés Nr. 1
2003	Andrea Bassi ou l'architecture minimaliste. In: Heimatschutz – Patrimoine Nr. 3 Last Century Modern. In: Wohn Design Nr. 2 Herzstück. In: Wohnrevue Nr. 5
2004	In der Lichtung. In: Architektur + Technik Nr. 4 Gilbert Russbach: Villa à Nyon. In: Faces Nr. 54 Benedikt Loderer: Eine plane Haut. In: Hochparterre Nr. 4 (Beilage Swissfiber) La Caja de Cristal. In: Nuevo Estilo Nr. 69 (Beilage diseño y arquitectur) Ton in Ton. In: Raum und Wohnen Nr. 3 Martin Tschanz: Städte im Kleinen. Typologische Neuerungen im Schulhausbau. In: Werk, Bauen + Wohnen Nr. 1/2
2005	Reflexionen über Beton. In: MD – International Magazine of Design Nr. 3
2006	Les Ouches: école, crèche et équipements de quartier. In: AS – Architecture Suisse Nr. 160 Energie: Label en or pour Neuchâtel. In: Batimag Nr. 27 (Docu Media Suisse) François Busson: Rubik's Cube écologique. In: Bâtir Nr. 2 Villa in Collonge-Bellerive, Geneva. In: International review of architecture Nr. 11 Villa a Nyon, Svizzera. In: L'industria delle costruzioni 391, September/Oktober Plástico plástico. In: Nuevo Estilo Nr. 81 (Beilage diseño y arquitectura) Francesco Della Casa: Expo.02, que reste-t-il de nos amours? In: Tracés Nr. 7 Francesco Della Casa: Les Ouches, un dialogue entre voisins. In: Tracés Nr. 10

2006

Sabine von Fischer: Da-Durch. In: Werk, Bauen + Wohnen Nr. 3
Charles Pictet: Fernsehen von ferne zu sehen. In: Werk, Bauen + Wohnen Nr. 3
Bernard Zurbuchen: Scheinbar schwerelos. In: Werk, Bauen + Wohnen Nr. 6
Futuristico. In: Wohnrevue Nr. 3

2007

Centro scolastico di Ouches a Ginevra. In: Archi Nr. 4
Construction du siège de la Banque Pictet & Cie. In: AS – Architecture Suisse Nr. 167
Annie Admane: Pictet en ses nouveaux quartiers. In: Batir Nr. 9
Mirko Gentina: Dem Erdbeben zum Trotz. In: Der Bauingenieur Nr. 9
Tarramo Bronnimann: Habit d'arlequin. In: Faces Nr. 64
Jacques Lucan: Mon béton est plus beau que la pierre. In: Faces Nr. 65
Roderick Hönig: Bank Pictet Genf: Polierter Vorgeschmack. In: Hochparterre Nr. 9
Francesco Della Casa: Entre privé et public, relations urbaines. In: Tracés Nr. 18
Philippe Meier: Grundlegende Gestalt. In: Werk, Bauen + Wohnen Nr. 3
Jacques Lucan: Mein Beton ist schöner als Stein. In: Werk, Bauen + Wohnen Nr. 9

2008

Il cristallo multimediale. In: Archi Nr. 6

2009

Un nouveau siège tout en rondeur. In: Batimag Nr. 11 (Docu Media Suisse)
Massimo Simone: Balle au centre. In: Chantiers & Rénovations Nr. 10
Lumineux et ludique. In: SZS Steeldoc Nr. 3

2010

Contemporary Swiss Architecture – Andrea Bassi. In: Architecture & Urbanism Nr. 98/99
UEFA, Centre de services à Nyon. In: AS – Architecture Suisse Nr. 179
Michael Brüggemann: Ein Haus trägt Kappe, UEFA-Verwaltungsgebäude in Nyon. In: DBZ – Deutsche BauZeitschrift Nr. 7
Elsbeth Heinzelmann / Andreas Flückiger: Le nouvel immeuble de l'UEFA à Nyon. In: La Revue Polytechnique Nr. 6/7
Grüne UEFA. In: Modulor Nr. 7
Espace de vie enfantine Champs-Fréchets, Meyrin. In: Werk, Bauen + Wohnen Nr. 9

2011

Centro amministrativo UEFA di Nyon. In: Archi Nr. 4
Il «tetto collina». In: Archi Nr. 5
Sopralevare a Ginevra. In: Archi Nr. 6
UEFA New Office Building, La Clairière. In: Architecture & Detail Nr. 3
Massimo Simone: Léger comme du béton. In: Chantiers & Rénovations Nr. 8
Thierry Voellinger: Schlank und effizient. In: Werk, Bauen + Wohnen Nr. 1/2
Sur l'architecture, surélévation d'un immeuble à Genève. In: Faces Nr. 70

2012

Six ans déjà! Et alors? In: Interface Nr. 17
Costruire il paesaggio. In: Magazine dell'Ordine degli Architetti Nr. 2
Il palazzo La Clairière della UEFA a Nyon. In: Ticino Management Nr. 4

2013

Abitare a Ginevra / Appartamenti in Chemin des Fleurettes / La Chapelle / Residenza Pré-Babel. In: Archi Nr. 3
Massimo Simone: La Chapelle, Let the sunshine in! In: Chantiers & Rénovations Nr. 3
Mendrisio, Scelto il progetto per il campus della SUPSI. In: Corriere del Ticino, 2. Februar

2013	So soll der Campus der Tüftler aussehen. In: Tessiner Zeitung, 08. Februar Sebastiano Giannesini: Infrastruktur für Ideen. In: Werk, Bauen + Wohnen Nr. 9
2014	Perfektion ohne Profil. In: Tec 21 Nr. 7/8
2015	Extension de l'herbier et création d'espaces d'accueil du public Conservatoire et Jardin botaniques Genève. In: AS – Architecture Suisse Nr. 198 Marielle Savoyat: Du mystère à la découverte. In: VISO Nr. 5 (Docu Media)
2016	Pavillon d'été du Petit-Lac à Sierre. In: Athitextdesign Romania Nr. 2. A Construi peisajul (construire le paysage).
2017	Villa Urbaine, Rue du clos aux Eaux-Vives Monica d'Andrea: La jungle dans la ville. In: Le Magasine du Temps Centre multifonctionnel et services communaux (Skylab) à Plan-les-Ouates. In: AS – Architecture Suisse Nr. 205 Immeuble Place du Cirque à Genève Daniel Meyer, Astrid Staufer, Daniel Stockhammer (dir.): Continuer en acier L'architecture de la surélévation. In: Park Books, Zürich
2018	Immeuble Place du Cirque à Genève Christophe Joud, Bruno Marchand (dir.): Surélévations, Conversations urbaines. In: Infolio, Gollion
2019	Immeuble de logements sociaux à Lancy Philipp Meuser: Industrieller Wohnungsbau. In: DOM publishers, Berlin

Andrea Bassi, Roberto Carella
Präsenz / Présence / Presence
6. Band der Reihe Bibliotheca / Volume 6 de la série Bibliotheca / Volume 6 of the series Bibliotheca

Herausgeber / Edité par / Edited by: Heinz Wirz, Luzern
Projektleitung / Direction de projet / Project management: Quart Verlag, Linus Wirz
Textlektorat Deutsch / Relecture des textes allemands / German text editing: Dr. Britta Schröder, Bad Nauheim D und/et/and Dr. Eva Dewes, Saarbrücken D
Textlektorat Französisch / Relecture des textes français / French text editing: Yves Minssart, Saint-Avertin F
Übersetzung Französisch–Deutsch / Traduction français–allemand / French–German translation: NTL Il Nuovo Traduttore Letterario, Florenz
Übersetzung Französisch–Englisch / Traduction français–anglais / French–English translation: NTL Il Nuovo Traduttore Letterario
Übersetzung Deutsch–Französisch / Traduction allemand–français / German–French translation: Yves Minssart S./p. 5–6 (Notat)
Übersetzung Deutsch–Englisch / Traduction allemand–anglais / German–English translation: Benjamin Liebelt, Berlin S./p. 6 (Notat)
Fotos / Photos: Leo Fabrizio, Lausanne und/et/and Bassi Carella Marello Architectes
Visualisierungen / Visualisations / Graphics: Philippe Cointault, Archigraphie
Redesign: BKVK, Basel – Beat Keusch, Angelina Köpplin-Stützle
Grafische Umsetzung / Réalisation graphique / Graphical layout: Bassi Carella Marello Architectes, Quart Verlag
Lithos: Printeria, Luzern
Druck / Impression / Printing: Gulde Druck, Tübingen D

ISBN 978-3-03761-184-5

Der Quart Verlag wird vom Bundesamt für Kultur mit einem Strukturbeitrag für die Jahre 2016–2020 unterstützt.

Quart Verlag bénéficie du soutien de l'Office fédéral de la culture par une contribution structurelle couvrant la période 2016–2020.

Quart Verlag has received the support of the Swiss Federal Office of Culture with a structural contribution for the years 2016–2020.

Quart Verlag GmbH
Denkmalstrasse 2, CH-6006 Luzern
books@quart.ch, www.quart.ch

Quart Verlag Luzern

Bibliotheca – Schriften zu Themen der Architektur
6 Andrea Bassi, Roberto Carella: Präsenz / Présence / Presence (de/fr/en)
5 Andrea Bassi, Roberto Carella: Materialität / Matérialité / Materiality (de/fr/en)
4 Manfred Sack: Verlockungen der Architektur. Kritische Beobachtungen und Bemerkungen über Häuser und Städte, Plätze und Gärten (de)
3 Miroslav Šik: Altneue Gedanken (de)
2 Markus Breitschmid: Der bauende Geist. Friedrich Nietzsche und die Architektur (de)
1 Francesco Collotti: Architekturtheoretische Notizen (de und it)

De aedibus – Zeitgenössische Schweizer Architekten und ihre Bauten
77 Lin Robbe Seiler (de/en und de/fr)
76 Meier Leder (de/en)
75 Butikofer de Oliveira Vernay (de/en)
74 Elisabeth & Martin Boesch (de/en)

De aedibus international
16 Schenker Salvi Weber – Wien (de/en)
15 Henley Halebrown – London (de/en)
14 Walter Angonese – Kaltern/Caldaro (de/en)
13 architecten de vylder vinck taillieu – Gent (de/en)
12 De Smet Vermeulen architecten – Gent (de/en und nl/fr)

Anthologie – Werkberichte junger Architekten
40 Kim Strebel (de; extra sheet with English translation)
39 Beer Merz (de; extra sheet with English translation)
38 HDPF (de; extra sheet with English translation)
37 clavienrossier (de; extra sheet with English translation)

Quart Verlag GmbH, Heinz Wirz; Verlag für Architektur und Kunst
Denkmalstrasse 2, CH-6006 Luzern; books@quart.ch, www.quart.ch